Gabriele Kokott-Weidenfeld,
Alexandra-Isabel Reidel

Rechts-grundlagen für soziale Berufe

WOCHEN SCHAU STUDIUM

Bibliografische Information der Deutschen Nationalbibliothek

Die Deutsche Nationalbibliothek verzeichnet diese Publikation in der Deutschen Nationalbibliografie; detaillierte bibliografische Daten sind im Internet über http://dnb.d-nb.de abrufbar.

© WOCHENSCHAU Verlag,
Dr. Kurt Debus GmbH
Frankfurt/M., 2., aktual. Auflage 2020

www.wochenschau-verlag.de

Titelgestaltung: Ohl Design
Gedruckt auf chlorfrei gebleichtem Papier
Gesamtherstellung: Wochenschau Verlag
ISBN 978-3-7344-0968-4 (Buch)
E-Book ISBN 978-3-7344-0969-1 (PDF)

Inhalt

ABBILDUNGSVERZEICHNIS

Vorwort zur 2. Auflage

In der zweiten Auflage des Buches haben wir wieder den Text ganz bewusst ohne Zitate und ohne Hinweise auf weitere Literatur gestaltet, weil die Sache, nämlich das Recht, selbst zur Sprache kommen soll. Zur besseren Übersichtlichkeit wurden in der Neuauflage Unterpunkte eingefügt. Zudem wurden einzelne, für die Soziale Arbeit wichtige Themen im Überblick hinzugefügt, u. a. in Form von Exkursen, beispielsweise zum Sozialverwaltungsverfahren und arbeitsrechtlichen Fragestellungen. Dieses kompakte Grundlagenbuch kann und will keinesfalls die in großem Umfang auf dem Markt vorhandene Spezialliteratur zu den einzelnen Rechtsgebieten ersetzen, sondern ist gerade als Einstieg in die Rechtsmaterie gedacht. Am Ende des Buches haben wir daher exemplarisch weiterführende, vertiefende Literatur zu den für die Soziale Arbeit relevanten Rechtsgebieten aufgeführt (u. a. Existenzsicherungsrecht des SGB II und SGB XII, Kinder- und Jugendhilferecht, Betreuungsrecht usw.).

Für die erste Buchhälfte, die Kapitel 1 bis 4, zeichnet Frau Prof. Dr. Reidel verantwortlich, während Frau Prof. Kokott-Weidenfeld die Bearbeitung der zweiten Buchhälfte zum gesamten Rechtsumfeld der Familie übernommen hat.

Wir Autorinnen möchten mit den Inhalten allen Studierenden der Sozialen Arbeit den ersten Einstieg in eine zunächst unübersichtliche Rechtsmaterie erleichtern. Das Buch ist das Ergebnis langjähriger Lehr- und Prüfungserfahrung mit Studierenden, die sich gerade in den Anfangssemestern befinden.

Feedback und Anregungen zum Buch sind dabei stets willkommen.

Koblenz/Mannheim im März 2020

Prof. Gabriele Kokott-Weidenfeld
Prof. Dr. Alexandra-Isabel Reidel

1. Einleitung: Recht als Handlungsrahmen der Sozialen Arbeit

Recht ist der Handlungsrahmen, der in allen Lebensbereichen einen bestimmenden Einfluss ausübt. In modernen Gesellschaften gibt es so gut wie keinen rechtsfreien Raum mehr. Dies ist im Alltag nicht allen Menschen bewusst. In einigen Berufsgruppen und bei bestimmten Professionen gehört die Auseinandersetzung mit dem Recht zum Grundbestand des beruflichen Handelns. Fachkräfte der Sozialen Arbeit sind insofern im Hinblick auf ein erfolgreiches berufliches Handeln darauf angewiesen, sich mit dem Recht auseinanderzusetzen. Sie werden mit einer stetig wachsenden Zahl von Gesetzen, Rechtsverordnungen, Satzungen, Richtlinien in beispielsweise familienrechtlichen, betreuungsrechtlichen, strafrechtlichen und sozialrechtlichen Bereichen konfrontiert. Wir haben die Erfahrung gemacht, dass Studierende der Sozialen Arbeit, insbesondere zu Beginn ihres Studiums, das Recht als unüberschaubar, überflüssig und insbesondere als enorme Einschränkung für ein professionelles Handeln im Interesse des Klienten empfinden. Doch genau das Gegenteil ist der Fall!

Welche konkreten Ansprüche auf Hilfe haben denn der arme, der obdachlose, der drogenabhängige oder der behinderte Klient und seine Familie? Wie kann sich dieser gegen vermeintlich erlittenes Unrecht wehren? In der Sozialen Arbeit geht es häufig nicht nur um das Beantworten einer einzelnen Rechtsfrage, sondern vielmehr um das Lösen sehr komplexer Lebenssituationen. Diese Problemlagen sind sehr vielfältig. Genauso vielfältig ist das Recht für die Soziale Arbeit, da es Antworten für alle auftretenden Fragen bieten muss. Soziale Hilfe stellt daher auch eine qualifizierte Rechtsberatung dar. Diese ist nicht nur Rechtsanwälten vorbehalten, sondern sie wird auch durch die Träger der Sozialen Arbeit, also den Verbänden der freien Wohlfahrtspflege, den anerkannten Trägern der freien Jugendhilfe und den anerkannten Verbänden zur Förderung der Belange behinderter Menschen, vorgenommen. Das bedeutet, dass auch die Fachkräfte in der Sozialen Arbeit im außergerichtlichen Bereich eine Beratung in sozialrechtlicher Hinsicht durchführen dürfen.

Leere Haushaltskassen führen dazu, dass Sozialleistungen immer mehr zurückgefahren bzw. dass die Hürden, um staatliche Hilfeleistungen in Anspruch nehmen zu können, tendenziell höher werden. Die Anforderungen an die Berufsgruppen der Sozialen Arbeit nehmen daher immer weiter zu, denn seit den „Hartz-Reformen" ist das Risiko in Armut abzurutschen, bis in mittlere Einkommensschichten hineingegeben. Um ihrer Verantwortung gegenüber den Klienten gerecht zu werden, müssen Fachkräfte der Sozialen Arbeit daher fundierte Rechtskenntnisse besitzen, damit sämtliche in Betracht kommende Hilfemöglichkeiten, Teilhaberechte und Teilhabechancen im Sinne der Klienten bestmöglich ausgeschöpft werden können.

Um auf die Anliegen, die Probleme der Klienten richtig einzugehen, um ihnen „auf Augenhöhe" zu begegnen, benötigen Handelnde in sozialen Berufen nicht nur psychologische Kenntnisse, sondern sie müssen gleichermaßen mit dem sozialen und rechtlichen Lebensumfeld des Klienten vertraut sein.

Qualifiziertes Handeln in der Sozialen Arbeit ist nicht möglich, ohne den Klienten in seinen gesamten sozialen Beziehungen zu sehen. Die Kenntnis von der Binnenstruktur seiner Familie ist ein Kernbereich sozialen Handelns, denn jeder Einzelne von uns befindet sich in seinem speziellen sozialen Umfeld. Vor diesem Hintergrund ist es geboten, auch die grundlegenden Fragen des Familienrechts bereits in dieser Einführung in das Recht zu behandeln, da das Familienrecht insoweit für die Soziale Arbeit zu den Basics gehört. Es geht quasi um die „Verrechtlichung" des Klienten, da er nur in seiner Gesamtheit richtig eingeordnet werden kann. Ob Kind oder Erwachsener, ob Mann, Frau oder divers, jeder von uns ist immer irgendwie Teil einer Familie – jeder Mensch hat Mutter und Vater, auch wenn er sie vielleicht nie kennengelernt hat. Wir wissen, dass wir für unser Zusammenleben in einer Gemeinschaft, in der Gesellschaft genauso wie in unserer Familie, gewisse Regeln benötigen, um im Alltag sinnvoll miteinander leben zu können. Solange wir in Harmonie miteinander leben, denken wir nicht an Regeln, wir bemerken sie gar nicht. Im Konfliktfall sieht alles anders aus: Wir rufen nach Hilfe, nach Unterstützung von außen. Insofern hat das Recht, unser gesamtes Rechtssystem, auch eine grundlegende Bedeutung für die Familie.

Diese Tatsache besteht unabhängig von der Stellung des Einzelnen in der Gesellschaft und unabhängig von seinen persönlichen Prägungen. Sie ist unabhängig von den verschiedenen Lebensphasen, von beruflichen Positionen, vom finanziellen Hintergrund. Die Menschen sind immer auch von familienbezogenen Rechtsregelungen betroffen; insofern haben familienrechtliche Fragen für die Soziale Arbeit eine besondere Relevanz.

Mit diesem Buch wird der Einstieg in relevante Rechtsbereiche für Soziale Arbeit erleichtert. Es dient Studierenden, insbesondere zu Beginn des Studiums der Sozialen Arbeit, als Orientierungshilfe, um sich einen schnellen Überblick über ausgesuchte relevante rechtliche Bereiche der Sozialen Arbeit zu verschaffen und um rechtliche Zusammenhänge schnell zu begreifen. Es werden ausgesuchte, teilweise sehr komplexe rechtliche Dimensionen Sozialer Arbeit verständlich und möglichst einfach dargestellt. Abbildungen geben hierbei einen guten und schnellen Überblick und dienen zudem der wiederholenden Vertiefung.

In einem ersten Schritt wird die Systematik der Rechtsordnung dargestellt. Dies ist insbesondere deshalb von Bedeutung, da für das inhaltliche Verstehen von Gesetzen ihre rechtliche Einbettung in das Normengefüge und das Erkennen ihrer Struktur notwendig ist.

Anschließend widmen wir uns dem Verfassungsrecht, da hier die Grundlagen des sozialstaatlichen Handelns zu finden sind. Das Grundgesetz schafft mit seinen verfassungsrechtlichen Grundentscheidungen u. a. zum Recht und Sozialstaat sowie seinem Grundrechtskatalog wesentliche Rahmenbedingungen für die Soziale Arbeit.

Im nächsten Kapitel geht es um zivilrechtliche Grundlagen, denn die Fachkräfte der Sozialen Arbeit sind in den Wirtschaftskreislauf eingebunden und benötigen daher grundlegende vertragsrechtliche Kenntnisse. Zudem wird in diesem Kapitel auch auf haftungsrechtliche Fragen, wie z. B. die Aufsichtspflicht eingegangen, da die Berufsgruppen der Sozialen Arbeit oft für Minderjährige und geistig behinderte Menschen verantwortlich sind und sich daraus Aufsichtspflichten ergeben, die gegebenenfalls zu Schadenersatzforderungen führen können.

Im letzten Kapitel geht es um das persönliche Rechtsumfeld des Klienten, also um seine Familie. Dem Familienrecht kommt insofern eine erhebliche Bedeutung für die Soziale Arbeit zu.

Aus Gründen der besseren Lesbarkeit wird die männliche Form verwendet, wobei selbstverständlich immer auch die weibliche Form gemeint ist.

2. SYSTEMATIK DER RECHTSORDNUNG

2.1 RECHTSQUELLEN UND DEREN RANGORDNUNG

Das Recht unterliegt einem permanenten Wandel, da auch unser gesellschaftliches Zusammenleben und unsere Wertevorstellungen im Laufe der Zeit Änderungen erfahren. Da Recht die Funktion hat unser Zusammenleben zu regeln, darf es **nicht statisch** sein. Was noch vor Jahren verboten war, ist in der heutigen Zeit erlaubt. Während beispielsweise die Homosexualität in Deutschland lange Zeit unter Strafe gestellt war, herrscht heute eine weitgehende rechtliche Gleichstellung von Homosexuellen, was insbesondere das „Gesetz zur Einführung des Rechts auf Eheschließung für Personen gleichen Geschlechts" (sog. Eheöffnungsgesetz), das am 01.10.2017 in Kraft trat, verdeutlicht. Mit der „Ehe für alle" wird gleichgeschlechtlich orientierten Paaren nun die Möglichkeit der Ehe eingeräumt, so dass sie ihrem Zusammenleben einen gesicherten rechtlichen Rahmen geben können. Umgekehrt können Verhaltensweisen heute verboten sein, die früher erlaubt waren. So wurde beispielsweise das früher anerkannte „Züchtigungsrecht" von Eltern und Lehrern durch *§ 1631 Abs. 2 BGB* und die Schulgesetze aufgehoben.

Es existieren **unterschiedliche Arten von Rechtsnormen**, durch die ein verbindliches Recht entsteht. In einem Rechtsstaat müssen sich nicht nur die **Bürger** an Rechtsnormen halten, sondern **alle staatliche Gewalt** (Judikative, Exekutive, Legislative) ist ebenfalls an diese gebunden. Entscheidungen der Verwaltungen und Gerichte sind daher nur rechtmäßig, wenn diese auf konkreten Rechtsnormen/Gesetzen beruhen und das Recht zudem richtig angewendet wird.

Rechtsnormen/Gesetze werden von unterschiedlichen Quellen gespeist. Das deutsche Recht lässt sich hierarchisch folgendermaßen ordnen:

2.1.1 Verfassung (Grundgesetz)

Die grundlegende Rechtsquelle stellt in der Bundesrepublik Deutschland das Grundgesetz *(GG)* dar. Es ist die Verfassung. Daneben existieren aufgrund des Föderalismus die Landesverfassungen der einzelnen Bundesländer, denen allerdings im Vergleich zum Grundgesetz keine entscheidende Bedeutung zukommt. Im Grundgesetz finden sich Regelungen zu den **Grundrechten** (z. B. die Religionsfreiheit, *Art. 4 GG*), unsere **Staatsprinzipien** (z. B. Rechtstaatsprinzip, *Art. 20 GG*) und Regelungen zur **Organisation unseres Staates** (z. B. Gesetzgebungszuständigkeiten des Bundes und der Länder gem. *Art. 70 ff. GG*). Insbesondere die Grundrechte sowie das Rechtsstaatsprinzip sind für das Handeln der Sozialverwaltungen von enormer Bedeutung (vgl. hierzu untenstehende Ausführungen unter Gliederungspunkt 3).

2.1.2 Gesetze

Die Parlamentsgesetze bilden die wesentliche Rechtsgrundlage für die Soziale Arbeit. Sie sind der Prototyp eines Gesetzes. Es handelt sich hierbei um eine Rechtsnorm, die vom durch die Verfassung vorgegebenen Gesetzgebungsorgan, dem deutschen Bundestag (Parlament) in Zusammenarbeit mit dem Bundesrat erlassen wurde. Die so erlassenen Gesetze müssen verfassungskonform sein, d. h. sie müssen mit den Regelungen unseres Grundgesetzes vereinbar sein.

Das sehr formelle und unter Umständen langwierige Gesetzgebungsverfahren des Bundes ist in den *Art. 76 ff. GG* im Detail geregelt. In
welchen Fällen der Bund oder das Land letztlich Gesetze erlassen
dürfen, die sog. Gesetzgebungskompetenz, ist in den *Art. 70 ff. GG*
geregelt.

Der deutsche Gesetzgeber erlässt teilweise auch Gesetze, die mit
dem GG nicht in Einklang stehen, d. h. verfassungswidrig sind. Über
die Vereinbarkeit von Bundes- und Landesgesetzen mit dem Grundgesetz entscheidet dann das Bundesverfassungsgericht. So muss
sich das Bundesverfassungsgericht beispielsweise immer wieder mit
der Verfassungsmäßigkeit der Hartz IV-Gesetze, die im *SGB II* geregelt sind, beschäftigen. Das Gericht stellte beispielsweise Anfang
2010 fest, dass die seit dem Jahre 2005 geltenden Hartz-IV-Regel-
sätze für Erwachsene und Kinder mit dem Grundgesetz unvereinbar
sind, da sie gegen das Sozialstaatsprinzip des *Art. 20 Abs. 1 GG*
und gegen das Grundrecht des *Art. 1 GG*, das ein menschenwürdiges Existenzminimum garantieren soll, verstoßen würden *(BVerfG,
1 BvL 1/09 vom 9. 2. 2010)*. Daraufhin war der parlamentarische Gesetzgeber verpflichtet die Regelsätze des SGB II in verfassungskon-
former Weise nachzubessern. In der Bundesrepublik ist das Bundesverfassungsgericht als **„Hüter der Verfassung"** das einzige Gericht,
dem das sog. **Normverwerfungsmonopol** zusteht.

Parlamentsgesetze nennt man auch **formelle Gesetze**, da sie nach
dem streng formalisierten Gesetzgebungsverfahren (für Bundesge-
setze nach dem Grundgesetz und für Landesgesetze nach der jeweiligen Landesverfassung) vom Gesetzgeber – der sog. Legislative –
erlassen wurden. Von den formellen Gesetzen sind hingegen die **materiellen Gesetze** (Rechtsverordnungen und Satzungen) zu unterscheiden, diese werden nämlich nicht von der Legislative, sondern
der Verwaltung als vollziehende Gewalt (sog. Exekutive) erlassen.
Den formellen und materiellen Gesetzen ist gemeinsam, dass sie **verbindliche Regelungen für Bürger und Verwaltung enthalten,** die abstrakt-generell formuliert sind. Das bedeutet, dass sie eine unbestimmte Vielzahl von Fällen (abstrakt) für eine unbestimmte Vielzahl
von Menschen (generell) regeln.

2.1.3 RECHTSVERORDNUNGEN

Rechtsverordnungen stellen Gesetze dar und sind wie die Parlamentsgesetze zwingend zu beachten. Rechtsverordnungen konkretisieren Parlamentsgesetze, d. h. es werden damit Detailregelungen zur Durchführung von Parlamentsgesetzen erlassen. Damit die Verwaltung als Exekutivorgan eine Rechtsverordnung zulässigerweise erlassen darf, muss sie von der Legislative hierzu ermächtigt worden sein durch eine sog. **Ermächtigungsgrundlage** *(Art. 80 Abs. 1 GG)*. Das bedeutet, dass jeder Rechtsverordnung eine Ermächtigungsgrundlage in Form eines Parlamentsgesetzes vorliegen muss, das die Verwaltung ermächtigt, in bestimmten Rechtsbereichen Durchführungsregelungen zu erlassen. Für die soziale Arbeit sind u. a. folgende Ermächtigungsgrundlagen relevant: *§§ 13, 27, 51c SGB II; §§ 10 Abs. 2, 87, 151, 182 SGB III; §§ 17, 28c SGB IV; § 35a SGB V; § 69 SGB VI, § 78g Abs. 4 SGB VIII; §§ 28 Abs. 2, 40, 60, 69, 96 SGB XII*. Die Rechtsverordnungen müssen mit den Parlamentsgesetzen und der Verfassung in Einklang stehen. Dazu folgendes Beispiel:

Beispiel: Die Sozialhilfe, die im SGB XII geregelt ist, umfasst als Leistung u. a. die Hilfe zur Überwindung besonderer sozialer Schwierigkeiten gem. §§ 67 ff. SGB XII. Der Wortlaut des § 67 SGB XII besagt: „Personen, bei denen besondere Lebensverhältnisse mit sozialen Schwierigkeiten verbunden sind, sind Leistungen zur Überwindung dieser Schwierigkeiten zu erbringen ...". Der anspruchsberechtigte Personenkreis wurde vom parlamentarischen Gesetzgeber allerdings nur grob umrissen, es handelt sich hier um einen unbestimmten Rechtsbegriff. In der Praxis stellt sich nun die Frage, wann das (formelle) Gesetz vom Vorliegen solcher besonderen Lebensverhältnisse ausgeht. Dies wird nun durch eine Rechtsverordnung, nämlich der Verordnung zur Durchführung der Hilfe zur Überwindung besonderer sozialer Schwierigkeiten konkretisiert (BGBl. 2003 I, S. 3060). § 1 Abs. 2 dieser Verordnung beschreibt nun näher den unbestimmten Rechtsbegriff der besonderen Lebensverhältnisse. Danach haben Personen bei fehlender Wohnung (z. B. Obdachlose), bei gewaltgeprägten Lebensumständen (z. B. bei Misshandlungen in der Familie oder Partnerschaft), bei Entlassung aus einer geschlossenen Anstalt (z. B. bei Haftentlassung) usw., Anspruch auf diese Sozialhilfeleistung. Die Verwaltung war befugt zum Erlass dieser das Parlamentsgesetz konkretisierenden Rechtsverordnung, da in § 69 SGB XII eine Ermächtigungsgrundlage (Verordnungsermächtigung) vorhanden ist.

2.1.4 SATZUNGEN

Öffentlich-rechtliche Satzungen sind Rechtsnormen (materielle Gesetze), die **Selbstverwaltungskörperschaften** (Körperschaften, Anstalten und Stiftungen des Öffentlichen Rechts) **zur Regelung ihrer eigenen Angelegenheiten** erlassen können. Die Körperschaften des öffentlichen Rechts, wie z. B. Kommunen, Sozialversicherungsträger, Universitäten und Fachhochschulen, können im Rahmen des ihnen vom Gesetzgeber eingeräumten Satzungsrechts das Verhältnis zwischen ihnen und ihren Mitgliedern verbindlich regeln. So haben die Kommunen durch ihre Satzungsautonomie, die ihnen ausdrücklich durch die Selbstverwaltungsgarantie des *Art. 28 Abs. 3 GG* verfassungsrechtlich zuerkannt wird, weitreichende Regelungsbefugnisse im Hinblick auf ihre eigenen Angelegenheiten. Die Gemeinden können z. B. die Benutzung von Einrichtungen der Daseinsvorsorge, wie Schwimmbädern, Friedhöfen, Sportplätzen, Bibliotheken Gemeindesälen usw., durch Satzungen regeln. Für die Sozialversicherungsträger sind die Satzungen ebenfalls von besonderer Bedeutung. Aufgrund ihrer Satzungsautonomie *(vgl. § 372 SGB III, § 34 SGB IV, § 194 SGB V, § 138 Abs. 4 SGB VI, § 118 SGB VII)* können beispielsweise Beitragssatzungen erlassen werden.

Von den eben dargestellten öffentlich-rechtlichen Satzungen sind die privatrechtlichen Satzungen, wie z. B. von rechtsfähigen Vereinen gem. *§ 25 BGB,* zu unterscheiden. Diese stellen gerade keine Rechtsnormen dar, da ihnen der Gesetzescharakter einer abstraktgenerellen Regelung fehlt.

2.1.5 RICHTERRECHT

Gerichtsurteile stellen **keine Rechtsquellen** dar, da durch sie nur einzelne Rechtsstreitigkeiten auf der Grundlage von formellen und materiellen Gesetzen entschieden werden. Den Urteilen fehlt grundsätzlich der für eine Rechtsnorm erforderliche abstrakt-generelle Charakter. Gerichtsurteile beziehen sich nämlich auf einen einzelnen Fall (konkrete Regelung) und betreffen einen individuell gergelten Personenkreis, indem sie gerade die am Gerichtsverfahren beteiligten Personen (sog. Parteien) an den Inhalt des Urteils binden. Die Allgemeinheit wird durch Gerichtsurteile hingegen nicht gebunden.

Die **höchstrichterliche Rechtsprechung**, d. h. die Urteile der obersten Bundesgerichte (Bundesgerichtshof, Bundesverwaltungsgericht, Bundessozialgericht, Bundesarbeitsgericht und Bundesfinanzhof) besitzen allerdings eine über den Einzelfall hinausgehende Bedeutung, da sich die jeweils unteren Gerichte in vergleichbaren Fällen an dieser Rechtsprechung orientieren. Insofern herrscht Uneinigkeit, ob die höchstrichterliche Rechtsprechung Rechtsnormcharakter zukommt. Man wird im Ergebnis – trotz einer gewissen Bindungswirkung – eine Allgemeinverbindlichkeit der höchstrichterlichen Rechtsprechung ablehnen müssen, da diese weniger verbindlich ist als dies bei den übrigen Rechtsquellen der Fall ist, denn die unteren Gerichte sind gem. *Art. 97 Abs. 1 GG* unabhängig und einzig und allein dem Gesetz unterworfen.

Eine **Ausnahme** besteht allerdings im Hinblick auf **Urteile des Bundesverfassungsgerichts,** dem als Hüter unserer Verfassung eine herausragende Position in unserem Staate und innerhalb der Gerichtsbarkeit zukommt. Die Entscheidungen des Bundesverfassungsgerichts binden die Verfassungsorgane des Bundes und der Länder sowie alle Gerichte und Behörden *(§ 31 Abs. 1 BVerfGG)*. In manchen Fällen, z. B. wenn es um die Vereinbarkeit von Bundesrecht oder Landesrecht mit dem Grundgesetz geht, hat die Entscheidung des Bundesverfassungsgerichts nach dem ausdrücklichen Willen des Gesetzgebers sogar Gesetzeskraft *(§ 31 Abs. 2 BVerfGG)*.

2.1.6 GEWOHNHEITSRECHT

Unter dem Gewohnheitsrecht versteht man ungeschriebenes Recht, das sich durch eine lang andauernde, gleichmäßige Übung entwickelt hat, bei gleichzeitiger Überzeugung der Gemeinschaft, dass durch die Einhaltung der Übung bestehendes Recht befolgt wird, z. B. dem Wegerecht. Dem ungeschriebenen Recht kommt heute nur noch **wenig Bedeutung** zu.

2.2 RANGORDNUNG DER RECHTSNORMEN

Zwischen den Rechtnormen herrscht eine Rangordnung. Das bedeu-tet, dass ein in der Hierarchie höher stehendes Recht im Kollisions-fall dem rangniedrigeren Recht vorgeht. Der Kollisionsfall ist gege-ben, wenn die Rechtsnormen nicht miteinander in Einklang stehen. Dies bedeutet, dass rangniedrigere Vorschriften stets (verfassungs-) konform ausgelegt werden müssen. Verstößt eine rangniedrigere Norm gegen höherrangiges Recht, so ist diese **nichtig**. So muss ein (Parlaments-)Gesetz in Einklang mit der Verfassung stehen. Wider-spricht das Gesetz z. B. dem Gleichheitsgrundsatz des Art. 3 GG, so ist es nicht mit der Verfassung vereinbar und damit nichtig. Hingegen muss eine Rechtsverordnung sowohl mit den (Parlaments-)Gesetzen, also auch mit dem Grundgesetz, vereinbar sein usw.

Sofern sich zwei Rechtsnormen der gleichen Stufe widersprechen, geht das jüngere Gesetz dem älteren vor und das speziellere Gesetz setzt sich gegen das allgemeinere durch.

Eine **Sonderrolle** besitzt das Recht der Europäischen Gemein-schaft (EG), bei dem es sich um sog. **supranationales Recht** han-delt. Das EU-Recht genießt einen Anwendungsvorrang vor dem nati-onalen Recht (nur) insoweit, als die einzelnen Mitgliedsstaaten der EU die Rechte dazu übertragen haben *(Art. 4 Abs. 1, Art. 5 Abs. 2 EUV)*. Der Kernbereich der Sozialpolitik und des Sozialrechts bleibt allerdings nach wie vor im Kompetenzbereich der Mitgliedsstaaten. Auch das **europäische Recht** besitzt seine **Rechtsquellen**, wobei hier zwischen **primärem und sekundärem Gemeinschaftsrecht** un-terschieden wird. Die EG (EWG-)Gründungsverträge und ihre Ände-rungen stellen das primäre EG-Recht dar, während die zum Zwecke der Rechtsangleichung von den Organen der EG erlassenen Verord-nungen und Richtlinien das sekundäre EG-Recht darstellen. **Euro-päische Verordnungen** beanspruchen in den einzelnen Mitglieds-staaten **unmittelbare Geltung**, während **Richtlinien** von den einzel-nen Mitgliedsstaaten **zuerst in nationale Gesetze umgesetzt** werden müssen, damit sie auch auf der jeweiligen nationalen Ebene beacht-lich sind.

Beispielsweise beruht das Allgemeine Gleichbehandlungsgesetz (AGG), das ein deutsches Bundesgesetz darstellt, auf mehreren europäischen Richtlinien (u. a. Richtlinie 2000/43/EG „Antirassismus-Richtlinie"; Richtlinie 2000/78/ EG „Rahmenrichtlinie"; Richtlinie 76/207/EWG „Gender-Richtlinie"). Das AGG bezweckt als ein deutsches Antidiskriminierungsgesetz, Benachteiligungen aus Gründen der Rasse oder wegen der ethnischen Herkunft, des Geschlechts, der Religion oder Weltanschauung, einer Behinderung, des Alters oder der sexuellen Identität zu verhindern oder zu beseitigen (§ 1 AGG). Das AGG setzt folglich diese europarechtlichen Richtlinien in nationales Recht um.

2.3 ABGRENZUNG DER RECHTSNORMEN ZU ANDEREN RECHTSINSTITUTEN

2.3.1 VERWALTUNGSAKTE

Wenn die Verwaltung in den Handlungsfeldern der Sozialen Arbeit dem Bürger gegenüber in Erscheinung tritt, dann geschieht dies meist durch Erlass eines Verwaltungsaktes. Verwaltungsakte werden auch als **„Bescheide"** bezeichnet, z.B Bewilligungs- oder Ablehnungsbescheid. Nach der Gesetzesdefinition versteht man unter einem Verwaltungsakt die Maßnahme einer Behörde, die auf dem Gebiet des öffentlichen Rechts getroffen wird, um einen Einzelfall zu regeln, der auf die Veränderung der Rechtsposition des Bürgers (des sog. Adressaten) abzielt *(vgl. § 31 SGB X)*. Verwaltungsakte stellen **keine Rechtsnormen** dar, da ihnen gerade der abstrakt-generelle Charakter einer Rechtsnorm fehlt. Sozialrechtliche Verwaltungsakte haben immer einen **konkret-individuellen Charakter,** sie gestalten die konkrete Rechtsbeziehungen des Bürgers zum Staat, d. h. sie konkretisieren die im Gesetz nur abstrakt-generell geregelten Rechtsbeziehungen zwischen Verwaltung und Bürger.

Beispiel: Die 19-jährige Studentin Susi Sonnenschein (S) beantragt beim zuständigen Bafög-Amt Ausbildungsförderung (BaföG) für ihr Studium der Sozialen Arbeit an der Hochschule Koblenz. Ob sie nun tatsächlich Leistungen der Ausbildungsförderung erhält, hängt davon ab, ob sie die Voraussetzungen zum Erhalt der Ausbildungsförderung, die im BaföG geregelt sind, erfüllt. Das Bafög-Amt prüft nun den konkreten Sachverhalt von S, also u. a. ob es sich bei S um eine Erstausbildung gem. § 7 BAföG handelt, S die Altersvoraussetzungen des § 10 BAföG erfüllt, individuelle Einkommens- und Vermögensverhältnisse usw. Auf Grundlage von Gesetzen – hier dem BaföG – wird im konkreten Fall der S geprüft, ob sie die Tatbestandsvoraussetzungen des BaföG zum Erhalt von BaföG-Leistungen erfüllt. Nach Beendigung der Prüfung kommt das Bafög-Amt zu einer Entscheidung, dem Verwaltungsakt, der entweder zu Gunsten der S ausfällt (Bewilligungsbescheid) – sofern sie alle Voraussetzungen des BaföG erfüllen sollte – oder der Verwaltungsakt lehnt zu Lasten der S die beantragten Leistungen ab (Ablehnungsbescheid), z. B. auf Grund eines zu hohen Arbeitseinkommens der Eltern (vgl. §§ 11, 21 ff. BaföG). Unabhängig davon, ob die Entscheidung positiv oder negativ für S ausfällt, erhält sie in jedem Fall eine konkret-individuelle Entscheidung der Behörde (Verwaltungsakt), die auf Grundlage von Gesetzen gefällt wurde.

Verwaltungsakte sind Massenentscheidungen der Behörde: Die Bewilligung oder Ablehnung von Sozialleistungen wie z. B. Ausbildungsförderung, Arbeitslosengeld I und II, Sozialhilfe, die Duldung und die Ausweisung eines Ausländers, die Feststellung des Grades der Behinderung bis hin zur Zulassung einer kommunalen Einrichtung, wie z. B. eines Jugendtreffs, all diese Entscheidungen der Verwaltung ergehen in Form von Verwaltungsakten gegenüber dem einzelnen Bürger.

Die Definition des Verwaltungsaktes findet sich für das Sozialverwaltungsrecht in § 31 SGB X:

§ 31 SGB X, Begriff des Verwaltungsaktes

Verwaltungsakt ist jede Verfügung, Entscheidung oder andere hoheitliche Maßnahme, die eine Behörde zur Regelung eines Einzelfalles auf dem Gebiet des öffentlichen Rechts trifft und die auf unmittelbare Rechtswirkung nach außen gerichtet ist. Allgemeinverfügung ist ein Verwaltungsakt, der sich an einen nach allgemeinen Merkmalen bestimmten oder bestimmbaren Personenkreis richtet oder die öffentlich-rechtliche Eigenschaft einer Sache oder ihre Benutzung durch die Allgemeinheit betrifft.

2.3.2 Exkurs: Sozialverwaltungsrecht

Das Handeln der Sozialverwaltungen muss mit den sozialverwaltungsrechtlichen Grundsätzen des *SGB I und SGB X*, die das Sozialverwaltungsverfahren normieren, in Einklang stehen. Da der Verwaltungsakt für den Bürger im jeweiligen konkreten Einzelfall verbindlich Rechte und

Pflichten festlegt, kommt ihm eine enorme Bedeutung zu. Wenn der Verwaltungsakt mit der Rechtsordnung übereinstimmt, wird er als **rechtmäßiger Verwaltungsakt** bezeichnet. Verstößt die Behörde beim Erlass des Verwaltungsaktes hingegen gegen Rechtsnormen, so liegt ein **rechtswidriger Verwaltungsakt** vor. Sowohl rechtmäßige als auch rechtswidrige Verwaltungsakte sind wirksam *(§ 39 Abs. 2 SGB X):* Da für den rechtsunkundigen Bürger in der Regel nicht erkennbar ist, ob „sein" Verwaltungsakt rechtmäßig oder rechtswidrig ist, muss dieser im Interesse einer effektiven und funktionsfähigen Verwaltung unabhängig von etwaigen Fehlern wirksam sein. Es sei erwähnt, dass im Sozialverwaltungsverfahren Rechtsvorschriften zur Korrektur rechtswidriger Verwaltungsakte durch die Behörde existieren (z. B. *§§ 41, 44 ff. SGB X*).

Wenn der Bürger mit dem Inhalt des Verwaltungsaktes nicht einverstanden ist (z. B. wenn die vom Bürger beantragte Sozialleistung versagt wird und er von der Behörde einen sog. Ablehnungsbescheid erhält), so kann er sich mit Rechtsmitteln dagegen wehren. Der Verwaltungsakt eröffnet dem Bürger spezifische Rechtsschutzmöglichkeiten, wie z. B. das Widerspruchsverfahren *(§§ 78 ff. SGG)*. Rechtsunkundige Bürger sind häufig unsicher und nutzen mögliche Rechtsbehelfe gegen belastende Verwaltungsakte allerdings nicht. Im Widerspruchsverfahren überprüft die Verwaltung nochmals den Verwaltungsakt und – falls sie Fehler feststellt – wird der Verwaltungsakt korrigiert (sog. Abhilfeentscheidung), ansonsten ergeht ein sog. Widerspruchsbescheid gegen den sich der Bürger mit einem gerichtlichen **Klageverfahren** wehren kann.

Das Vorliegen eines Verwaltungsaktes ist schon ausreichend für die Durchführung von Zwangsmaßnahmen gegenüber dem Bürger. Dem Verwaltungsakt kommt daher auch die Funktion eines **Vollstreckungstitels** zu: Verwaltungsakte, die eine Gebot oder Verbot für den Adressaten enthalten, wie z. B. die Rückzahlung von Geldleistungen, kann die Behörde selbst im Wege der Verwaltungsvollstreckung vornehmen. Die Behörde kann sich daher durch Erlass entsprechender Verwaltungsakte ihre eigenen Vollstreckungstitel schaffen. Will hingegen der Bürger vollstrecken, ist für diesen der Weg wesentlich steiniger, denn er muss zunächst ein gerichtliches Urteil zu seinen Gunsten erwirken, das dann als Vollstreckungstitel dient.

Nicht nur Fachkräfte der Sozialen Arbeit, die in den öffentlichen Verwaltungsapparaten wie den Jugend- oder Sozialämtern arbeiten, müssen das Sozialverwaltungsverfahren beherrschen, sondern auch gerade diejenigen Fachkräfte, die außerhalb von Behörden tätig sind, um ihren Klienten gegenüber den Verwaltungsbehörden zu ihren Rechten verhelfen zu können. Auf Grund der **enormen Relevanz des (Sozial-) Verwaltungsverfahrensrechts in der sozialen Praxis** wird den Studierenden der Sozialen Arbeit dringend empfohlen sich mit dieser Rechtsmaterie nach dem Erwerb der rechtlichen Grundkenntnisse bereits im Studium **ausführlich** zu beschäftigen (vgl. hierzu die weiterführende Literatur zum Sozialverwaltungsrecht am Ende des Buches).

2.3.3 SCHLICHTES VERWALTUNGSHANDELN

Der Verwaltungsakt ist vom sog. schlichten Verwaltungshandeln, das auch als „Realakt" bezeichnet wird, zu unterscheiden. Während der Verwaltungsakt auf eine konkrete Regelungswirkung – einen **Rechtserfolg** – beim Bürger gerichtet ist (wie z. B. die konkrete Bewilligung oder Ablehnung eines gestellten Antrags auf eine Sozialleistung), ist das schlichte Verwaltungshandeln auf einen **tatsächlichen Erfolg** gerichtet. Das SGB X findet auf Realakte grundsätzlich keine Anwendung.

Beispiele: In der Praxis liegt ein schlichtes Verwaltungshandeln bei behördlichen Auskünften (z. B. § 11 SGB XII), Berichten, Auszahlungen von Sozialleistungen, Terminabsprachen, Hausbesuchen des Jugendamtes, Bereitstellung öffentlicher Einrichtungen vor.

2.3.4 ÖFFENTLICH-RECHTLICHER VERTRAG

Die Verwaltungsbehörde kann hoheitlich gegenüber dem Bürger nicht nur durch Verwaltungsakte und Realakte handeln, vielmehr entwickelt sich der öffentlich-rechtliche Vertrag zu einer immer bedeutenderen Handlungsform im öffentlichen Recht. Diese Handlungsform der Behörde ist dann von Relevanz, wenn es um einen **öffentlich-rechtlichen Vertragsgegenstand** geht – was immer bei sozialrechtlichen Regelungen der Fall ist – und die Behörde auf die **Kooperation** mit dem Vertragspartner setzt. Der öffentlich-rechtliche Vertrag ist im Sozialverwaltungsverfahren in den *§§ 53 ff. SGB X* geregelt. Zur Unterscheidung zwischen dem öffentlichen Recht und dem Privatrecht vgl. unter Punkt 2.3.

Beispiel: Die Eingliederungsvereinbarung (§ 15 SGB II) spielt in der sog. Grundsicherung für Arbeitsuchende („Hartz IV") eine tragende Rolle. Diese wird grundsätzlich in Form eines öffentlich-rechtlichen Vertrags zwischen dem Jobcenter und dem hilfebedürftigen Bürger abgeschlossen. Hier wird zweiseitig ausgehandelt und durch eine Einigung verbindlich geregelt, beispielsweise welche Weiterbildungsmaßnahmen der Bürger erhält und welche Gegenleistung der Bürger gegenüber der Behörde zu erbringen hat, wie z. B. wie viele Bewerbungen monatlich zu schreiben sind.

2.3.5 VERWALTUNGSVORSCHRIFTEN

Verwaltungsvorschriften sind ebenfalls keine Rechtsnormen, sondern lediglich **verwaltungsinterne** Anweisungen innerhalb einer Verwaltungsbehörde. Sie erfolgen von einem Dienstvorgesetzten an die ihm unterstellten Bediensteten oder von einer übergeordneten Behörde an die ihr hierarchisch nachgeordneten Behörde. Verwaltungsvorschriften gelten nur innerhalb der beteiligten Verwaltungen bzw. deren Mitarbeitern und beschränken sich auf das Innenrecht der Verwaltung. Durch die Verwaltungsvorschriften soll innerhalb der Behörde eine einheitliche Rechtsanwendung bewirkt werden. Es existieren Verwaltungsvorschriften zur Organisation des Dienstbetriebes (z. B. wenn es um die Art und Weise der Aktenführung einer Behörde geht), es gibt norminterpretierende Verwaltungsvorschriften im Hinblick auf die Auslegung von unbestimmten Rechtsbegriffen sowie Verwaltungsvorschriften in Form von Ermessensrichtlinien zur Konkretisierung eines Ermessensspielraums (vgl. zum Ermessen Gliederungspunkt 2.4). Der Verwaltungsvorschrift kommt gegenüber dem Bürger, der außerhalb der Verwaltung steht, keine unmittelbare Wirkung zu, d. h. der einzelne Bürger kann aus einer Verwaltungsvorschrift direkt weder Rechte noch Pflichten für sich herleiten. Verwaltungsvorschriften werden in der Praxis nicht immer als solche bezeichnet, sondern es existieren hier die unterschiedlichsten Bezeichnungen wie z. B. Dienstanweisung, Durchführungsbestimmung, Ausführungsvorschrift, Technische Anleitung (TA), Richtlinie, (Rund-) Erlass, Verfügung, Verwaltungsverordnung usw.

Sehr bedeutende Verwaltungsvorschriften stellen beispielsweise die *Richtlinien für das Strafverfahren und das Bußgeldverfahren (RiStBV)* dar. Diese Verwaltungsvorschriften richten sich hauptsächlich an die Staatsanwaltschaften und geben zudem auch Hinweise für die nicht weisungsgebundenen Richter im Hinblick auf eine länderübergreifende, möglichst bundeseinheitliche Behandlung der Straf- und Bußgeldverfahren. Verstöße gegen die Richtlinien können gegenüber den weisungsgebundenen Mitarbeitern der Justizverwaltungen nur dienstrechtlich geahndet werden. Gegenüber dem Bürger beanspruchen diese Richtlinien keine Geltung.

In der Praxis der Sozialen Arbeit kommt den Verwaltungsvorschriften eine erhebliche Bedeutung zu. Einzelne Behördenmitarbeiter verkennen leider allzu oft die im Vergleich zu einer Rechtsnorm nachrangige Bedeutung der Verwaltungsvorschrift. Wenn die Behörde gegenüber dem Bürger handelt, dann ist sie auf Grund des Rechtsstaatsprinzips *(Art. 20 Abs. 3 GG)* immer an das Gesetz gebunden und nicht an die internen Verwaltungsvorschriften, da diese gerade keine Gesetze darstellen. Maßstab für ein rechtmäßiges Handeln der Behörde sind die Rechtsnormen (*GG*, Parlamentsgesetze, Rechtsverordnungen sowie Satzungen!) und nicht die Verwaltungsvorschriften. Dienstbeflissen haben Behördenmitarbeiter teilweise ausschließlich die Verwaltungsvorschriften und nicht die eigentliche Gesetzesgrundlage vor Augen. Regelungen der Verwaltung gegenüber dem Bürger müssen aber immer unter Beachtung der für den jeweiligen Fall einschlägigen konkreten Gesetzesgrundlage entschieden werden – was in der sozialen Praxis i. d. R. durch die behördliche Handlungsform des Verwaltungsaktes geschehen wird *(§ 31 S. 1 SGB X)*. Ein Verwaltungsakt, der die konkrete Rechtsgrundlage außer Acht lässt und ausschließlich auf Grundlage der internen Verwaltungsvorschriften erlassen wird, ist rechtswidrig.

2.3.6 Empfehlungen

In der Praxis der Sozialen Arbeit werden häufig Arbeitshilfen von Arbeitsgemeinschaften, Arbeitskreisen, Fachvereinigungen o. Ä. erarbeitet. Z. B. existiert eine Empfehlung der Bundesarbeitsgemeinschaft der Jugendämter zu flexiblen Angebotsformen der Kindertagesbetreuung, mit der u. a. durch Darstellung flexibler Angebotsformen den Verwaltungseinheiten in den Ämtern auf unterschiedlichen Handlungsebenen Arbeitshilfen angeboten werden.

Diesen Empfehlungen kommt ebenfalls **keine Rechtsnormqualität** zu, da diese weder für die Sozialverwaltungen noch für die Bürger verbindlich sind. Lediglich eine Beachtlichkeit – aber **keine Rechtsverbindlichkeit!** – kann innerhalb einer Verwaltungsbehörde erzielt werden, indem z. B. Behördenleiter ihre Mitarbeiter anweisen, die jeweilige Empfehlung bei der Ausübung ihres Dienstes zu beachten.

Beachte: Verwaltungsakte, Realakte, Verträge, Verwaltungsvorschriften und Empfehlungen sind keine Rechtsnormen!

Abbildung 1: Normenpyramide

2.4 Gegenstandsbereiche des Rechts

Das deutsche Recht kennt eine Fülle der unterschiedlichsten Rechtsgebiete. Da sich das menschliche Zusammenleben mitunter sehr facettenreich und komplex gestaltet, spiegelt sich dies auch in der Komplexität unserer Rechtsordnung wieder. Unsere Rechtsordnung unterscheidet hierbei zwischen dem Privatrecht und dem Öffentlichen Recht.

2.4.1 Unterschiede: Privatrecht – Öffentliches Recht

Das Privatrecht regelt die Rechtsbeziehungen der Bürger untereinander. Hingegen regelt das Öffentliche Recht das Verhältnis des einzelnen Bürgers zum Staat sowie die Rechtsbeziehungen der staatlichen Organe/Verwaltungen untereinander. Daher umfasst das Öffentliche Recht auch alle Rechtsnormen, die Regelungen zur Organisation und Funktion des Staates beinhalten. So zählt beispielsweise auch das Strafrecht zum Öffentlichen Recht, da einzig und allein der Staat – für die Rechtsgemeinschaft – dem Beschuldigten den Prozess macht!

Die Unterscheidung zwischen dem Privaten und dem Öffentlichen Recht ist in der Praxis im Hinblick auf die **Rechtswege** von erheblicher Bedeutung. Wenn die Bürger miteinander privatrechtliche Streitigkeiten vor Gericht austragen, dann sind die Zivilgerichte dafür zuständig *(§ 13 GVG)*, während für öffentlich-rechtliche Streitigkeiten die allgemeinen *(§ 40 VwGO)* bzw. die besonderen Verwaltungsgerichte (z. B. Sozialgerichte gem. *§ 51 SGG*) zuständig sind, zur Gerichtsorganisation vgl. Gliederungspunkt 2.4. Zudem herrscht im Öffentlichen Recht der **Amtsermittlungsgrundsatz,** der auch Untersuchungsgrundsatz genannt wird *(vgl. § 20 SGB X)*. Dieser besagt, dass die Behörde sämtliche relevanten Tatsachen, die für und gegen die Bewilligung eines Antrags des Bürgers sprechen, neutral ermitteln und würdigen muss. Zudem muss sie die der Entscheidung zugrundeliegenden Vorschriften kennen und richtig anwenden. Hingegen herrscht im Zivilrecht die sog. **Parteimaxime.** Dies bedeutet, dass jede Partei grundsätzlich all das im Prozess selbst beweisen muss, was für ihn bzw. seinen streitigen Anspruch spricht. Dies muss ihm mit den für Gerichtsverfahren anerkannten Beweismitteln gelingen. Im Prozess sind als Beweismittel nur Zeugen, Sachverständige, Urkunden, der Augenschein und die Partei selbst zugelassen. Kann der Bürger im Zivilprozess etwas nicht beweisen, geht er seiner Rechtsposition verlustig, er verliert damit den Prozess. Im Zivilprozess zählt letztlich nur die sog. „formale Wahrheit", also die Tatsachen, die auch tatsächlich mit den zur Verfügung stehenden Beweismitteln vor Gericht nachgewiesen werden können. Prozesse vor den **Zivilgerichten** bergen zudem häufig ein **hohes Kostenrisiko**, das vor den Sozialgerichten normalerweise überschaubar ist. Die Verfahren vor den **Sozialgerichten** sind für den **Bürger sogar gerichtskostenfrei** *(§ 183 SGG)*.

2.4.2 Rechtsgebiete des privaten und öffentlichen Rechts

Das Privatrecht untergliedert sich in das Bürgerliche Recht, das auch als allgemeines Privatrecht bezeichnet wird, und in das Sonderprivatrecht, welches die Rechtsbeziehungen besonderer Berufsgruppen oder Lebensbereiche regelt, wie z. B. das Recht der Kaufleute, das im Handelsgesetzbuch *(HGB)* zu finden ist. Das *BGB* als wesentlicher Teil des Privatrechts enthält u. a. Regelungen zum Vertragsrecht (sog. Schuldrecht), Familienrecht, Betreuungsrecht und Erbrecht.

Zum Öffentlichen Recht zählen die Rechtsgebiete des Verfassungsrechts, des Strafrechts, des Verwaltungsrechts und des Prozessrechts. Insbesondere im verwaltungsrechtlichen Bereich herrscht eine enorme Komplexität der unterschiedlichsten Rechtsgebiete, angefangen vom Kommunalrecht über das Bau- und Polizeirecht, die als besonderes Verwaltungsrecht bezeichnet werden, über das Sozialrecht, zu dem insbesondere die zwölf Bücher des Sozialgesetzbuchs *(SGB)* zählen bis hin zum Prozessrecht, das die Verfahrensordnungen der einzelnen Gerichtszweige enthält, vgl. hierzu Abbildung 2. Daneben existiert eine Vielzahl weiterer Einzelbereiche, die ebenfalls dem Verwaltungsrecht zuzuordnen sind, wie z. B. Datenschutzgesetze.

Die schier unzählig erscheinenden Rechtsgebiete des privaten und öffentlichen Rechts stehen selten ganz isoliert für sich. Häufig ergänzen sie sich bzw. greifen ineinander. So lassen sich beispielsweise sozialrechtliche Regelungen nicht nur im „klassischen Sozialrecht" des Sozialgesetzbuchs *(SGB)* finden, das dem Öffentlichen Recht zuzuordnen ist, sondern auch im Privatrecht. Beispielsweise hat das Arbeitsrecht die Aufgabe, den Arbeitnehmer, der im Verhältnis zum Arbeitgeber die wirtschaftlich und sozial schwächere Person ist, zu schützen. Daher wird das Arbeitsrecht als Schutzrecht für den Arbeitnehmer bezeichnet. Es dient der Herstellung sozialer Sicherheit und Gerechtigkeit unter gleichzeitiger freiheitlicher Gestaltung der jeweiligen Arbeitsbedingungen. Wenn es um die Kündigung des Arbeitsverhältnisses geht, ist die konkrete arbeitsvertragliche Rechtsbeziehung zwischen Arbeitgeber und Arbeitnehmer betroffen. Hier sind dann u. a. privatrechtliche Regelungen des Arbeitsvertrages *(§ 611a BGB)* relevant (z. B. gesetzliche Kündigungsfristen gem. *§ 622 BGB)*. Aber auch Regelungen aus dem öffentlich-rechtlichen Bereich, nämlich dem Sozialrecht, werden im Falle der Kündigung relevant: Meldet sich nämlich der gekündigte Arbeitnehmer nicht innerhalb einer bestimmten Frist bei der Agentur für Arbeit, so kann sich das auf seinen späteren Arbeitslosengeldanspruch auswirken (eventuell durch eine Sperrzeit gem. *§ 159 SGB III)*.

Bei der Überschneidung der beiden Bereiche ist auch das sog. „fiskalische Handeln" der Behörde zu beachten. Im Rahmen des fiskalischen Handelns kann die Behörde entscheiden, ob das Öffentliche Recht oder das Privatrecht zur Anwendung kommt. So kann beispielsweise das Jugendamt bei der Einstellung seiner Mitarbeiter entscheiden, ob neue Mitarbeiter verbeamtet werden (Öffentliches Recht) oder ob sie einen Arbeitsvertrag gem. *§ 611 BGB* (Privatrecht) bekommen und diese dann im Angestelltenverhältnis für die Behörde tätig werden. Allerdings sind Behörden in ihrer Entscheidung nicht immer frei, ob sie nach öffentlich-rechtlichen oder privatrechtlichen Grundsätzen handeln. Hier müssen sie auf **den Zusammenhang und die Natur des Rechtsverhältnisses** abstellen. In der Funktion als Hoheitsträger, d. h. wenn sie staatliche Aufgaben erfüllen, wie z. B. das Sozialamt bei der Gewährung von Sozialhilfe nach dem *SGB XII* oder das Jugendamt im Rahmen der Kinder- und Jugendhilfe gemäß dem *SGB VIII*, müssen sie zwingend öffentlich-rechtlich handeln.

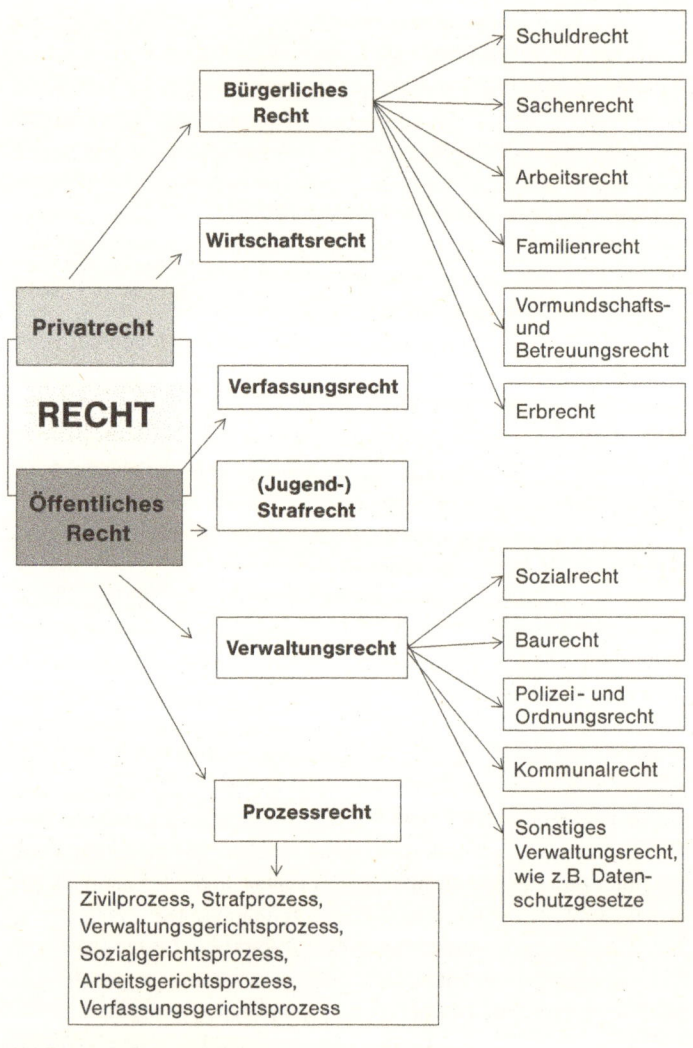

Abbildung 2: Rechtsgebiete
(in Anlehnung an Falterbaum S. 17)

2.4.3 FORMELLES UND MATERIELLES RECHT

Die Rechtsnormen des Öffentlichen Rechts und des Privatrechts lassen sich in formelles und materielles Recht unterteilen. **Materielles Recht** bezieht sich auf die **inhaltliche Gestaltung eines Rechts,** indem sie Rechte verleihen oder Pflichten begründen. **Formelles Recht** sind **Verfahrensvorschriften,** durch die das materielle Recht umgesetzt wird. Mit dem formellen Recht werden Rechtspositionen, die sich aus dem materiellen Recht ergeben, durchgesetzt. Dies wird z. B. sehr deutlich in den Verfahrensordnungen der einzelnen Gerichtszweige (z. B. *ZPO, StPO, VwGO*), die formelles Recht darstellen.

Wenn beispielsweise ein Kaufvertrag abgeschlossen wird, so haben Käufer und Verkäufer daraus verschiedene Rechte und Pflichten. Nach *§ 433 Abs. 1 BGB* muss der Verkäufer dem Käufer die Sache übergeben und das Eigentum daran verschaffen, während *§ 433 Abs. 2 BGB* die Pflicht des Käufers normiert, den Kaufpreis zu bezahlen. Diese Vorschrift begründet also vertragliche Rechte und Pflichten von Käufer und Verkäufer. Da es um die Gestaltung von Rechtspositionen geht, zählt der *§ 433 BGB* zum materiellen Recht. Streiten sich die Kaufvertragsparteien dann über ihre Rechte und Pflichten aus dem Kaufvertrag, z. B. weil sich der Käufer weigert, den Kaufpreis zu bezahlen, dann muss der Verkäufer seinen Anspruch gerichtlich durchsetzen. Das Verfahren vor Gericht wird durch die Zivilprozessordnung *(ZPO)* – dem formellen Recht – im Detail geregelt.

2.4.4 OBJEKTIVES UND SUBJEKTIVES RECHT

Weiterhin wird zwischen objektivem und subjektivem Recht unterschieden. Unter dem **objektiven Recht** versteht man die **Gesamtheit der geltenden Rechtsnormen,** die im gesetzmäßigen Verfahren zustande gekommen sind, also die Bestimmungen in der Verfassung und den formellen sowie materiellen Gesetzen. Dem objektiven Recht – unserer Gesamtrechtsordnung – entspringt das subjektive Recht. **Subjektive Rechte** sind **Rechtsansprüche,** die eine bestimmte Person oder Personengruppe (sog. Rechtssubjekt) berechtigen. Dabei kann es sich um eine natürliche Person (jeder Mensch) als auch um juristische Personen (z. B. eingetragener Verein, GmbH) handeln, zur Rechtsfähigkeit (vgl. Gliederungspunkt 4.2). So kann der

Verkäufer einer Sache vom Käufer gemäß *§ 433 Abs. 2 BGB* (subjektives Recht) den Kaufpreis verlangen. Rechtsnormen, die subjektive Rechte beinhalten, werden auch als **Anspruchsgrundlagen** bezeichnet.

Im **öffentlichen Recht**, also im Verwaltungs- und Sozialverwaltungsrecht, entspricht dem subjektiven Recht das sog. **subjektiv-öffentliche Recht**. Darunter versteht man das Recht des Bürgers vom Verwaltungsträger bestimmte Handlungen zu verlangen.

Beispiel: *§ 5 Abs. 1 SGB VIII „Die Leistungsberechtigten haben das Recht, zwischen Einrichtungen und Diensten verschiedener Träger zu wählen und Wünsche hinsichtlich der Gestaltung der Hilfe zu äußern ...".*
Es können sich nur diejenigen gegen Unrecht wehren, die in ihren subjektiven bzw. subjektiv-öffentlichen Rechten verletzt worden sind. Das bedeutet, dass sich eine Person nicht als Sachwalter der Allgemeinheit hervortun kann. In Deutschland muss jede Person ihre Rechte selbst wahrnehmen und sie kann Rechte nur einklagen, wenn sie von einer (vermeintlichen) Rechtsverletzung selbst betroffen ist. Kauft z. B. jemand ein mangelhaftes Auto, so kann nur der Käufer selbst gegen den Verkäufer rechtlich vorgehen, indem er z. B. den zu zahlenden Kaufpreis mindert oder womöglich sogar vom Kaufvertrag zurücktritt bzw. Schadensersatz verlangt. Diese Rechte des Käufers gegen den Verkäufer finden sich in den *§§ 434 ff. BGB* (sog. Sachmängelgewährleistungsrecht). Nur der Käufer als Vertragspartner des Verkäufers kann gegenüber dem Verkäufer diese Rechte geltend machen. Eine altruistisch handelnde, am Vertrag nicht beteiligte Person (z. B. der Nachbar, Arbeitskollege) kann für den Käufer dessen Rechte nicht geltend machen. So würde eine Klage des Nachbarn oder Arbeitskollegen für den Käufer vom Gericht sofort als unzulässig abgewiesen werden, auch wenn die Klage in der Sache selbst begründet wäre.

2.5 RECHTSANWENDUNG

Die Rechtsanwendung, also der Umgang mit den Rechtsnormen, ist nicht immer einfach und bedarf der Übung. Die abstrakt-generellen Gesetzesformulierungen sind sprachlich gewöhnungsbedürftig und somit stellt es sich manchmal als schwierig dar, diese auf konkrete Lebenssachverhalte anzuwenden. Bei der Rechtsanwendung geht es nicht um die Beurteilung, ob eine gesetzliche Regelung vom Rechtsanwender für sinnvoll oder gut befunden wird (das ist die Aufgabe

der Legislative!), sondern es geht um das Auffinden und die konkrete Prüfung von Rechtsnormen bezogen auf den konkreten Lebenssachverhalt.

2.5.1 AUFBAU VON RECHTSNORMEN

Rechtsnormen, die dem Bürger einen Anspruch gegen die Verwaltung oder Privatpersonen geben, sind in der Regel zweigliedrig struk-
turiert, d. h. sie bestehen aus einem **Tatbestand** und einer **Rechtsfolge**. Der Tatbestand beschreibt kein konkret-historisches Geschehen,
sondern er enthält abstrakte Merkmale. Da Rechtsnormen gerade
nicht den konkreten Einzelfall regeln, sondern für eine unbestimmte
Vielzahl von Fällen Geltung beanspruchen, werden oftmals sog. unbestimmte Rechtsbegriffe vom Gesetzgeber verwendet. **Je umfas-
sender eine Rechtsnorm sein soll, desto höher wird ihr Abstrakti-
onsgrad.** Durch die spezifische juristische Sprache verlieren Gesetze an realer Anschaulichkeit, die Sprache wirkt oftmals altertümlich
und ist für den Laien unverständlich. Doch selbst wenn Rechtsnormen teilweise komplizierte Verschachtelungen mehrerer Tatbestandsmerkmale besitzen, so sind sie dennoch nach einem **„Wenn-dann-
Prinzip"** aufgebaut, d. h. wenn der Tatbestand gegeben ist, dann ergibt sich hieraus eine bestimmte Rechtsfolge.

*Beispiel: § 832 Abs. 1 BGB „Wer kraft Gesetzes zur Führung der Aufsicht über
eine Person verpflichtet ist, die wegen Minderjährigkeit oder wegen ihres geistigen oder körperlichen Zustands der Beaufsichtigung bedarf, ist zum Ersatz
des Schadens verpflichtet, den diese Person einem Dritten widerrechtlich zu-
fügt ..."*

Wenn demnach die Tatbestandsmerkmale des *§ 832 Abs. 1 BGB* erfüllt sind (d. h. wenn die zu beaufsichtigende Person wegen mangeln-
der Aufsichtsführung einen Schaden verursacht), **dann** muss der Aufsichtspflichtige dem Geschädigten Schadensersatz leisten.

Im Hinblick auf die Verbindlichkeit von Rechtsfolgen bei Verwal-
tungsentscheidungen kennt das Recht – je nach Gesetzesformulie-
rung – unterschiedliche Qualitäten. Es gibt sog. „Muss-Vorschriften",
„Kann-Vorschriften" und „Soll-Vorschriften".

Bei den **„Muss-Vorschriften"** besteht keinerlei Entscheidungsspielraum. Wenn die Tatbestandsvoraussetzungen erfüllt sind, dann ergibt

sich daraus zwingend die Rechtsfolge. Die Formulierungen „hat" bzw. „haben", „ist", „sind" usw. stehen dem gleich. Z.B *§ 27 Abs. 1 SGB VIII „Ein Personensorgeberechtigter hat bei der Erziehung eines Kindes oder eines Jugendlichen Anspruch auf Hilfe (Hilfe zur Erziehung), wenn ..."*

Das bedeutet für die Verwaltung, hier das Jugendamt, dass es aufgrund der zwingend vorgegebenen Rechtsfolge keinerlei Entscheidungsspielraum hat. Daher spricht man in solchen Fällen auch von einer gebundenen (Verwaltungs-) Entscheidung.

„**Soll-Vorschriften**" binden den Adressaten im Regelfall an eine Rechtsfolge. Allerdings sind bei atypischen Fallkonstellationen Ausnahmen möglich. Z. B. *§ 19 Abs. 1 SGB VIII „Mütter oder Väter, die allein für ein Kind unter sechs Jahren zu sorgen haben oder tatsächlich sorgen, sollen gemeinsam mit dem Kind in einer geeigneten Wohnform betreut werden, wenn ..."*

„**Kann-Vorschriften**" geben der Verwaltung in einem bestimmten Rahmen einen Handlungsspielraum, d. h. die Verwaltung ist nicht an ein bestimmtes Handeln gebunden, sie kann möglichst flexibel auf Lebensverhältnisse reagieren. Dieser Spielraum der Behörde wird als „Ermessen" bezeichnet. Hier ist zwischen einem **Entschließungsermessen („ob")** und einem **Auswahlermessen („wie")** zu unterscheiden. Dies bedeutet, dass es im Ermessen der Behörde stehen kann, ob sie überhaupt eine Handlung vornimmt bzw. wie sie im konkreten Fall vorgeht, welche von mehreren Handlungsoptionen sie also letztlich wahrnimmt. Das der Behörde zustehende Ermessen wird an Gesetzesformulierungen wie „die Behörde kann ...", „darf ...", „ist befugt ..." usw. deutlich (z. B. *§ 16a SGB II*). Die Verwaltung darf bei ihrer Ermessensausübung allerdings nicht willkürlich handeln, sie muss ein sog. **pflichtgemäßes Ermessen** ausüben, d. h. die Verwaltung muss im konkreten Einzelfall die zweckmäßigste Rechtsfolge wählen *(vgl. § 39 Abs. 1 SGB I)*. Sofern ihr **Ermessensfehler** (Ermessensausfall, Ermessensüberschreitung, Ermessensmissbrauch) unterlaufen, beispielsweise überschreitet die Behörde das ihr zustehende Ermessen, wenn in einer Rechtsnorm eine Gebühr bis 80,– € zulässig ist, die Verwaltung im konkreten Fall im Gebührenbescheid allerdings 120,– € festsetzt. Damit ist der Bescheid der Behörde rechtswidrig und angreifbar. Ermessensfehler sind gerichtlich voll überprüfbar!

2.5.2 Juristische Fallprüfung: Subsumtion

Der entscheidende Bezugspunkt für Ansprüche des Bürgers gegenüber der Verwaltung (z. B. auf Arbeitslosengeld) und der Bürger untereinander (z. B. der Anspruch auf Kaufpreiszahlung gem. *§ 433 Abs. 2 BGB*) sind die Anspruchsnormen. Jede Lösung eines Rechtsfalles hat daher zielorientiert von der Anspruchsgrundlage auszugehen! Ausgangspunkt bei der juristischen Falllösung ist die Beantwortung der W-Fragen: **WER will WAS von WEM WORAUS?** D. h. es muss zunächst eine Anspruchsgrundlage mit der gewünschten Rechtsfolge gefunden werden („Woraus"). Danach wird im Detail geprüft, ob die einzelnen Tatbestandsmerkmale der Vorschrift im konkreten Fall erfüllt sind. Bei der Prüfung muss akribisch genau vorgegangen werden. Die Anwendung des Tatbestands auf den konkreten Lebenssachverhalt nennt man **Subsumtion**. Dies bedeutet, dass der konkrete Lebenssachverhalt unter die einschlägige Rechtsnorm eingeordnet wird, um dann zu einer Schlussfolgerung zu kommen. Teilweise ergibt sich erst aus dem Gesetzeszusammenhang oder Definitionsnormen die Bedeutung einer bestimmten Vorschrift.

So legt beispielsweise *§ 7 SGB II* (bitte lesen!) als ganz zentrale Vorschrift den Kreis der möglichen Leistungsberechtigten für Hartz-IV-Leistungen fest (sog. Grundsicherung für Arbeitsuchende – SGB II). Diese Schlüsselnorm des SGB II enthält sowohl leistungsbegründende Tatbestände *(vgl. § 7 Abs. 1 Satz 1, Abs. 2 bis 3a)* als auch leistungsausschließende Tatbestände *(§ 7 Abs. 1 Satz 2 und 3, Abs. 4 bis 6)* in einem sehr komplexen Geflecht von Regeln, Ausnahmen und Gegen-Ausnahmen. Die in *§ 7 Abs. 1 SGB II* enthaltenen Tatbestandsmerkmale der Erwerbsfähigkeit, Hilfebedürftigkeit sowie das Höchstalter für Leistungsberechtigte werden dann in den folgenden Paragraphen näher definiert. So ist gemäß *§ 8 SGB II* erwerbsfähig, *„wer nicht wegen Krankheit oder Behinderung auf absehbare Zeit außerstande ist, unter den üblichen Bedingungen des Arbeitsmarktes mindestens 3 Stunden erwerbstätig zu sein."* Um die steuerfinanzierten SGB II-Leistungen zu erhalten, muss der Antragsteller gemäß *§ 7 Abs. 1 Nr.*

SGB II zudem hilfebedürftig sein. Wann von einer Hilfebedürftigkeit auszugehen ist, ist in *§ 9 SGB II* näher bestimmt, nämlich dann, wenn der Antragsteller *„seinen Lebensunterhalt nicht oder nicht ausreichend aus dem zu berücksichtigenden Einkommen oder Vermögen sichern kann ..."* Was in diesem Zusammenhang unter dem berücksichtigungsfähigen Einkommen und Vermögen zu verstehen ist, wird vom Gesetzgeber in *§§ 11, 12 SGB II* sodann näher definiert.

Die Subsumtion gestaltet sich teilweise auf Grund der abstrakten Rechtssprache und einer Vielzahl von unbestimmten Rechtsbegriffen als schwierig und muss geübt werden. Eine korrekte Rechtsanwendung ist allerdings niemals willkürlich! Unbestimmte Rechtsbegriffe bedürfen einer rechtswissenschaftlichen Auslegung, teilweise existieren auch Gesetzeslücken, die von der Rechtsprechung geschlossen werden müssen. Um solche Probleme zu lösen, gibt es insgesamt vier anerkannte und in der Praxis gängige **Auslegungsmethoden**, die entweder nebeneinander oder in Kombination angewendet werden (philologische, grammatische, systematische, historische und teleologische Auslegung).

Für das Studium und die spätere Praxis erleichtern **Gesetzeskommentare** ganz erheblich die Rechtsfindung. In einem Gesetzeskommentar werden die einzelnen Paragraphen eines Gesetzes sowohl abstrakt als auch durch Beispiele näher erläutert und ihr rechtliches Zusammenspiel mit anderen Vorschriften aufgezeigt. Zudem enthalten sie entsprechende Entscheidungen der Gerichte (Urteile, Beschlüsse) und rechtswissenschaftliche Publikationen. Nicht nur in der Praxis der Sozialen Arbeit – hier wird die Bedeutung und der praktische Nutzen von Kommentarliteratur oft unterschätzt! –, sondern auch in der juristischen Praxis sind solche Gesetzeskommentare nicht wegzudenken. Auch Richter setzen sich häufig in ihren Urteilen mit der Kommentarliteratur auseinander und zitieren diese!

2.6 RECHTSVERWIRKLICHUNG

2.6.1 GERICHTSZWEIGE

Aus Konflikten können Rechtsstreitigkeiten entstehen. Um zu entscheiden wer „Recht" hat, werden vom Staat Gerichte als streitentscheidende Instanzen zur Verfügung gestellt. Dabei sind die Richter unabhängig und nur dem Gesetz unterworfen *(Art. 97 Abs. 1 GG)*. Welches Gericht im Einzelfall zuständig ist, hängt davon ab, welchem Rechtsgebiet der streitige Fall zuzuordnen ist. Es wird hierbei zwischen der ordentlichen Gerichtsbarkeit, der Arbeitsgerichtsbarkeit, Verwaltungsgerichtsbarkeit, Sozialgerichtsbarkeit, Finanzgerichtsbarkeit und dem Bundesverfassungsgericht unterschieden.

Die **ordentliche Gerichtsbarkeit** ist für Streitigkeiten aus dem bürgerlichen Recht und dem Strafrecht zuständig *(§§ 12 f. GVG)*. Sie wird durch verschiedene Instanzen, nämlich die Amtsgerichte, Landgerichte, Oberlandesgerichte und dem Bundesgerichtshof als oberste Instanz mit Sitz in Karlsruhe ausgeübt.

Die **Arbeitsgerichtsbarkeit** regelt arbeitsgerichtliche Streitigkeiten. Sie besitzt drei Instanzen, nämlich die Arbeitsgerichte, Landesarbeitsgerichte und das Bundesarbeitsgericht, welches seinen Sitz in Erfurt hat *(§ 1 ArbGG)*.

Die **Verwaltungsgerichtsbarkeit** ist für öffentlich-rechtliche Streitigkeiten nichtverfassungsrechtlicher Art zuständig *(§ 40 VwGO)*. Sie wird durch die Verwaltungsgerichte, Oberverwaltungsgerichte (in Baden-Württemberg wird das Oberverwaltungsgericht Verwaltungsgerichtshof genannt) und das Bundesverwaltungsgericht, das seinen Sitz in Leipzig hat, ausgeübt.

Für sozialrechtliche Streitigkeiten ist die **Sozialgerichtsbarkeit** *(§ 51 SGG)* zuständig, die durch die Sozialgerichte, Landessozialgerichte und das Bundessozialgericht mit Sitz in Kassel ausgeübt wird.

Im Hinblick auf steuerrechtliche Streitigkeiten ist die **Finanzgerichtsbarkeit** zuständig, die durch die Finanzgerichte und den Bundesfinanzhof, der seinen Sitz in München hat, ausgeübt wird.

Das **Bundesverfassungsgericht,** das in Karlsruhe seinen Sitz hat, nimmt hierbei eine Sonderstellung ein. Als Hüter unserer Verfassung steht es gleichsam über den verschiedenen Gerichtsbarkeiten. Es entscheidet u. a. über die Vereinbarkeit von Gesetzen mit unserer Verfassung. Der Bürger hat die Möglichkeit vor dem Bundesverfassungsgericht eine Verfassungsbeschwerde einzulegen, wenn er sich durch die Verwaltung in seinen Grundrechten verletzt fühlt. Eine Verfassungsbeschwerde ist allerdings erst dann möglich, wenn der Bürger den kompletten Instanzenzug eines der oben dargestellten Gerichtsbarkeiten voll ausgeschöpft hat.

Jedes Bundesland verfügt zudem über einen **Staatsgerichtshof bzw. Verfassungsgerichtshof**, der über die Einhaltung der jeweiligen Landesverfassung wacht.

Beispiel: Auf der der Fahrt zur Arbeit wird A an einem verschneiten Wintermorgen mit seinem Kfz in einen Verkehrsunfall mit B verwickelt. An der Kreuzung zweier Gemeindestraßen kollidiert er mit B, der die zulässige Höchstgeschwindigkeit weit überschritten hat. Die Gemeindestraßen waren spiegelglatt, weil die Gemeinde ihrer winterlichen Räumpflicht nicht nachgekommen war. A wird durch den Zusammenprall verletzt und muss ins Krankenhaus. Er ist für einige Wochen nicht in der Lage seiner Arbeit nachzugehen. Der Arbeitgeber weigert sich den Lohn des A auch weiterhin fortzuzahlen und kündigt A sogar. Die Ortskrankenkasse (AOK) möchte die Behandlungskosten nicht übernehmen, das Finanzamt will die besonderen Aufwendungen A, die im Zusammenhang mit dem Unfall entstanden sind, nicht anerkennen. Zudem will B den Schaden am Kfz des A nicht bezahlen. Wo muss A klagen?

Der Schadensersatzanspruch gegen B zählt zum Privatrecht und muss vor dem Amts- oder Landgericht eingeklagt werden. Bezüglich seines Arbeitsentgeldes muss A vor das Arbeitsgericht ziehen und den Arbeitgeber auf Lohnfortzahlung verklagen. Bezüglich der Kündigung ist das Arbeitsgericht ebenfalls zuständig; A muss eine Kündigungsschutzklage erheben. Möglicherweise hat A gegen die Gemeinde einen Amtshaftungsanspruch *(Art. 34 GG i. V. m. § 839 BGB)*, da diese ihrer winterlichen Räumpflicht nicht nachkam. Aus historischen Gründen ist eine Amtshaftungsklage vor den Zivilgerichten geltend zu machen. Die Krankenkasse muss vor dem Sozialgericht verklagt werden auf Übernahme der Behandlungskosten. Bezüglich der Anerkennung der besonderen finanziellen Aufwendungen muss beim Finanzgericht Klage eingereicht werden.

2.6.2 RECHTSDURCHSETZUNG

Die Rechtsdurchsetzung ist mit einem Kostenrisiko verbunden, das viele Bürger scheuen. Damit jeder staatliche Rechtsschutzmöglichkeiten unabhängig von seinen individuellen finanziellen Möglichkeiten wahrnehmen kann, wird auch einkommensschwachen bzw. bedürftigen Bürgern, die sich in ihren Rechten verletzt fühlen, staatlicher Rechtsschutz gewährt.

Prozesskostenhilfe

Die Prozesskostenhilfe *(PKH)* kann gemäß §§ *114 ff.* ZPO in den Verfahren vor den Zivil-, Arbeits-, Verwaltungs- und Sozialgerichten einkommensschwachen Personen im Hinblick auf die eigenen Rechtsanwalts- und Gerichtskosten bewilligt werden. Die Staatskasse trägt die zur Rechtsdurchsetzung anfallenden Kosten, sofern der Antrag von dem für das konkrete Gerichtsverfahren zuständigen Gericht bewilligt wurde. Die Bewilligung der Prozesskostenhilfe ist im Wesentlichen von zwei Voraussetzungen abhängig: Der Antragsteller darf **wirtschaftlich** nicht in der Lage sein die Kosten für die Rechtsverfolgung aufzubringen und die Rechtsverfolgung muss **hinreichende Aussicht auf Erfolg** bieten. Für Familiensachen und in Angelegenheiten der freiwilligen Gerichtsbarkeit gilt das *FamFG*, die *PKH* wird in diesem Gesetz als Verfahrenskostenhilfe bezeichnet. In Strafverfahren können nur die Opfer von Straftaten, die zur Nebenklage berechtigt sind, einen entsprechenden Antrag stellen. Dem vermeintlichen Täter ist dies hingegen nicht möglich. In Verfahren vor den Strafgerichten wird dem Beschuldigten bzw. Angeklagten im Falle einer notwendigen Verteidigung stattdessen ein Pflichtverteidiger zur Seite gestellt.

Beratungshilfe

Außerhalb eines gerichtlichen Verfahrens besteht die Möglichkeit der Beratungshilfe nach dem Beratungshilfegesetz *(BerHG)*. Das Beratungshilfegesetz ermöglicht wirtschaftlich schwachen Menschen eine Rechtsberatung und Rechtsvertretung **außerhalb eines gerichtlichen Verfahrens**. Zuständig für die Ausstellung eines Beratungshilfescheines ist das für den Antragsteller jeweils zuständige Amtsgericht an seinem Wohnort. Damit übernimmt die Staatskasse die Vergütung des Rechtsanwalts für eine Beratung oder sonstige außergerichtliche Tätigkeit (z. B. Verfassen eines Schreibens), wobei von dem Ratsuchenden ein geringer Unkostenbeitrag an den aufgesuchten Rechtsanwalt zu bezahlen ist. Von Gesetzes wegen sind Rechtsanwälte verpflichtet, Personen mit Beratungshilfeschein als Mandanten außergerichtlich zu vertreten.

Rechtsdienstleistungen

Zudem existiert die Möglichkeit der Rechtsberatung nach dem Rechtsdienstleistungsgesetz *(RDG)*. Unter einer Rechtsdienstleistung wird hierbei jede Tätigkeit in fremden Angelegenheiten verstanden, sobald sie eine besondere rechtliche Prüfung des Einzelfalles erfordert *(§ 2 Abs. 1 RDG)*. Es erlaubt die Erbringung unentgeltlicher Rechtsdienstleistungen im außergerichtlichen Bereich. Daher dürfen auch die Träger der sozialen Arbeit rechtsberatend tätig werden. Sämtliche Verbände der freien Wohlfahrtspflege gemäß *§ 5 SGB XII*, die Verbände zur Förderung der Belange behinderter Menschen gem. *§ 13* Behindertengleichstellungsgesetz sowie die Träger der freien Jugendhilfe gemäß *§ 75 SGB VIII* dürfen daher Rechtsdienstleistungen als Nebenleistungen erbringen. Das Gesetz stellt allerdings selbst bei kostenloser Rechtsberatung Mindeststandards auf, um den Bürger vor unqualifizierten Rechtsauskünften zu schützen. Alle Personen und Organisationen, die außerhalb des Familien- und Freundeskreises unentgeltlich rechtsberatend tätig werden, müssen entweder selbst Volljuristen sein oder eine qualifizierte juristische Anleitung ihrer Beschäftigten garantieren können.

Verbände

Verbände gewähren ihren Mitgliedern, bezogen auf ihren jeweiligen Bereich, kostenlose Beratung und Vertretung vor Gericht. So erhält beispielsweise ein DGB-Gewerkschaftsmitglied eine kostenlose Rechtsberatung und gegebenenfalls eine Vertretung im gerichtlichen Verfahren durch einen Verbandsvertreter bzw. Anwalt bezüglich arbeitsrechtlicher und sozialrechtlicher Fragen.

3. Verfassungsrecht

Als oberstes Wertgefüge und Grundordnung beeinflusst das GG in erheblichem Maße sowohl das private als auch das öffentliche Recht. Das im Jahre 1949 in Kraft getretene Grundgesetz sollte in der Nachkriegszeit lediglich als eine Übergangsordnung für die westlichen Besatzungszonen dienen. Es war zunächst als Provisorium bis zur Wiedervereinigung Deutschlands gedacht, daher wurde die Terminologie „Grundgesetz" statt „Verfassung" ausgewählt. Nach der Wiedervereinigung im Jahre 1990 wurde der Begriff des Grundgesetzes jedoch beibehalten, da sich der Begriff mittlerweile etabliert hatte. Neben den Grundrechten, die in *Art. 1-19 GG* zu finden sind, kommen dem Rechtsstaats- und Sozialstaatsprinzip für Tätigkeiten in den Feldern der Sozialen Arbeit ein besonderer Stellenwert zu.

3.1 Rechtsstaat

Gemäß *Art. 20 GG* ist die Bundesrepublik Deutschland ein demokratischer, rechtsstaatlicher und sozialer Bundesstaat. In *Art. 20 Abs. 2 GG* ist das Prinzip der **Gewaltenteilung** verfassungsrechtlich verankert. Der Gewaltenteilungsgrundsatz unterscheidet drei Teilbereiche staatlicher Aufgaben, nämlich die Gesetzgebung (Legislative), die Verwaltung als ausführende Gewalt (Exekutive) und die Rechtsprechung (Judikative). Die Legislative erlässt die Gesetze, die Exekutive führt diese aus und die Judikative überwacht die Einhaltung der Gesetze. Das Gewaltenteilungsprinzip hat laut Bundesverfassungsgericht die Funktion, dass „die Staatsmacht gemäßigt und die Freiheit des Einzelnen geschützt wird" *(BVerfGE 9, 268, 279f.; 67, 100,130)*, indem sich die drei Gewalten letztlich gegenseitig kontrollieren.

Das Rechtsstaatsprinzip, das als eines der elementarsten Prinzipien des Grundgesetzes gilt, erfährt in zahlreichen Vorschriften unserer Verfassung seine Ausprägung. Gemäß *Art. 20 Abs. 3 GG*, als eine der wichtigsten Regelungen zum Rechtstaatsprinzip, ist die Gesetzgebung an die verfassungsmäßige Ordnung, die vollziehende Gewalt und die Rechtsprechung sind an Gesetz und Recht gebunden. Dies bedeutet, dass der Staat selbst nicht allmächtig ist und sich über die Gesetze stellen darf. Damit soll für den Bürger **Rechtssicherheit und Rechtsklarheit** gewährleistet werden. Kernelement des Rechtsstaatsprinzips ist die Gesetzmäßigkeit der Verwaltung, die auf den Vorrang des Gesetzes und auf den Vorbehalt des Gesetzes abzielt, sowie die Garantie des gerichtlichen Rechtschutzes (Art. 19 *Abs. 4, Art. 103 f. GG*).

3.1.1 GESETZESVORRANG

Unter dem Gesetzesvorrang versteht man, dass alle drei Gewalten an die Rechtsordnung gebunden sind. Für die Verwaltung, als die Gesetze vollziehende Gewalt, bedeutet dies, dass ihr Handeln mit allen Rechtsnormen in Einklang zu stehen hat. Wenn eine Verwaltungsmaßnahme gegen geltendes Recht verstößt, so ist das Handeln rechtswidrig. Fachkräfte der Sozialen Arbeit müssen daher die gesetzlichen Grundlagen kennen und dürfen nicht dagegen verstoßen.

So müssen beispielsweise im Fall der Kindeswohlgefährdung sowohl die Personensorgeberechtigten sowie das Kind/der Jugendliche bei der Abschätzung des Gefährdungsrisikos mit einbezogen werden, soweit der wirksame Schutz des Kindes bzw. Jugendlichen hierdurch nicht gefährdet wird *(§ 8a Abs. 1 SGB VIII)*. Sind die Personensorgeberechtigten hierzu nicht bereit oder nicht in der Lage, so muss das

Familiengericht diesbezüglich eingeschaltet werden *(vgl. § 8a Abs. 2 SGB VIII)*. Eine Inobhutnahme des Kindes/Jugendlichen durch das Jugendamt ohne Einschätzung des Gefährdungsrisikos durch die Personensorgeberechtigten bzw. das Familiengericht ist grundsätzlich rechtswidrig (Ausnahme: bei Gefahr in Verzug), da ein Verstoß gegen *§§ 8a, 42 SGB VIII* und *Art. 6 GG*, der die Familie unter einen besonderen verfassungsrechtlichen Schutz stellt, vorliegt.

Die Gesetze binden nicht nur den Staat, sondern auch die Bürger, d. h. Gesetze sind von jedermann zu beachten und gelten gerade auch im privaten Rechtsverkehr unter den Bürgern. So ergeben sich beispielsweise aus einem Mietvertrag gem. *§ 535 BGB* für die Vertragsparteien verschiedene Rechte und Pflichten, nämlich die Pflicht für den Vermieter, die vermieteten Räumlichkeiten dem Mieter zum Gebrauch zu überlassen, während der Mieter den vereinbarten Mietzins zu entrichten hat. Sofern gesetzliche Regelungen nicht vorhanden sind, besteht für den Bürger eine Handlungsfreiheit, die im bürgerlichen Recht auch als Privatautonomie bezeichnet wird. Diese allgemeine Handlungsfreiheit, also das Recht, zu tun und zu lassen, was man möchte, solange nicht gegen geltendes Recht verstoßen wird, steht allerdings nur den Privatpersonen und gerade nicht staatlichen Organen zu. Der Staat ist dem Grundsatz des Vorbehaltes des Gesetzes verpflichtet.

3.1.2 Gesetzesvorbehalt

Der Vorbehalt des Gesetzes bedeutet, dass das staatliche Handeln, insbesondere **Eingriffe des Staates** in die Rechtspositionen ihrer Bürger, durch ein förmliches Gesetz legitimiert sein muss. Das Handeln des Staates und anderer öffentlicher Träger wird für den Bürger damit **vorhersehbar und berechenbar**. So dürfen beispielsweise polizeiliche Maßnahmen, wie das Durchsuchen von Wohnraum gegen den Willen des Bürgers, nur durchgeführt werden, soweit dies mit den einschlägigen Rechtsgrundlagen, nämlich dem (landesrechtlichen) Polizeigesetz und den Grundrechten – hier insbesondere *Art. 13 GG* – vereinbar ist. Das für die Soziale Arbeit relevante Sozialleistungsrecht unterliegt immer einem Gesetzesvorbehalt, was die Regelung des *§ 31 SGB I* explizit regelt: *„Rechte und Pflichten aus den Sozialleis-*

tungsbereichen dieses Gesetzbuchs dürfen nur begründet, festgestellt, geändert oder aufgehoben werden, soweit ein Gesetz es vorschreibt oder zulässt."

3.1.3 Verhältnismässigkeit

Wenn der Staat in Rechtspositionen des Bürgers eingreift, muss er den Grundsatz der Verhältnismäßigkeit, der sich ebenfalls aus dem Rechtsstaatsprinzip ableitet, beachten. Der Verhältnismäßigkeitsgrundsatz besteht aus **drei Teilgeboten,** nämlich aus dem Gebot der **Geeignetheit,** dem Gebot der **Erforderlichkeit** und dem Gebot der **Angemessenheit.** Bei allen diesen Teilgeboten spielt der verfolgte Zweck eines staatlichen Handelns eine wichtige Rolle.

Eine staatliche Maßnahme erfüllt das Gebot der Geeignetheit, wenn es ein für das Erreichen des beabsichtigten Zwecks taugliches Mittel darstellt.

Das Gebot der Erforderlichkeit besagt, dass das angewandte Mittel unter mehreren geeigneten Mitteln dasjenige sein muss, welches am wenigsten in die Rechtssphäre des Bürgers eingreift.

Das Gebot der Angemessenheit ist erfüllt, wenn die staatliche Maßnahme nicht zu solch einem Nachteil für den Einzelnen führt, der zu dem beabsichtigten Zweck erkennbar in keinem Verhältnis steht (sog. Verhältnismäßigkeit im engeren Sinne). Der Grundsatz der Verhältnismäßigkeit wird auch als **Übermaßverbot** bezeichnet.

So dürfen z. B. Polizeibeamte eine abendliche Feier von Jugendlichen in einem Jugendtreff nicht sofort wegen Lärmbelästigung unterbinden, wenn es zur Vermeidung der Lärmbelästigung der Umgebung und zum Schutze der Nachbarschaft schon ausreicht, die Fenster und Türen des Partyraumes zu schließen und die Musiklautstärke etwas zu drosseln. Eine polizeiliche Anordnung, die Feier sofort zu beenden, wäre zwar geeignet, um für eine ruhige Umgebung zu sorgen und die Nachbarschaft vor nächtlichen Lärmbelästigungen zu schützen, allerdings wäre die Maßnahme nicht erforderlich und angemessen, da das Schließen der Fenster und Drosseln der Lautstärke ein wesentlich milderes Mittel im Vergleich zum Abbruch der Party darstellt. Um verhältnismäßig zu handeln, muss die Polizei folglich die Vor- und Nachteile verschiedener zur Verfügung stehender geeigneter Möglichkeiten genau abwägen und anschließend das den Bürger am wenigsten belastende Mittel wählen.

3.1.4 JUSTIZGEWÄHRUNGSANSPRUCH UND RECHTSSCHUTZGARANTIE

Dieses rechtsstaatliche Prinzip gibt dem Bürger das Recht auf ein **rechtsstaatlich faires Verfahren**. Der Anspruch umfasst das Recht auf Zugang zu den Gerichten und eine grundsätzlich umfassende tatsächliche und rechtliche Prüfung des Falles sowie eine verbindliche Entscheidung durch die Gerichte. Dies gilt nicht nur für privatrechtliche Streitigkeiten der Bürger untereinander. Für öffentlich-rechtliche Streitigkeiten enthält *Art. 19 Abs. 4 GG* eine Spezialregelung. Danach steht jedem Bürger der Rechtsweg zu einem Gericht offen, wenn er durch die öffentliche Gewalt in seinen Rechten verletzt wird (sog. Rechtswegegarantie).

3.2 SOZIALSTAAT

Das Sozialstaatsprinzip taucht im Gesetzestext des Grundgesetzes durch das Adjektiv „sozial" nur am Rande auf. Es wird im Grundgesetz lediglich an zwei Stellen sichtbar, nämlich in *Art. 20 Abs. 1 GG*, wonach die Bundesrepublik Deutschland ein „sozialer Bundesstaat" ist, und in *Art. 28 Abs. 1 GG*, wo von den Grundsätzen des „sozialen Rechtsstaates" gesprochen wird. Das Sozialstaatsprinzip wird – im Gegensatz zum Rechtsstaatsprinzip – im Grundgesetz nicht weiter konkretisiert. Wegen seiner hohen Unbestimmtheit muss das Sozialstaatsprinzip durch die drei Gewalten (Legislative, Exekutive, Judikative), die für die Herstellung und Erhaltung sozialer Gerechtigkeit und sozialer Sicherheit Verantwortung tragen, näher ausgestaltet werden.

Ein wesentlicher Gesichtspunkt stellt hierbei die **Fürsorge für Hilfebedürftige** dar, d. h. für Menschen, die wegen ihrer persönlichen Lebensumstände oder Benachteiligungen durch die Gesellschaft an ihrer persönlichen bzw. sozialen Entfaltung gehindert werden. Die zu gewährende Hilfe muss laut Rechtsprechung des Bundesverfassungsgerichts die „Mindestvoraussetzungen für ein menschenwürdiges Dasein" gewährleisten *(BVerfGE 40, 121, 133; 82, 60, 80)*.

Zudem enthält das Sozialstaatsprinzip den Auftrag zur Schaffung **sozialer Vorsorgesysteme**, um den Bürger vor den Lebensrisiken wie z. B. Alter, Krankheit, Unfall zu schützen. Daher gründen im Sozialstaatsprinzip auch unsere Sozialversicherungssysteme, nämlich die Kranken-, Renten-, Unfall-, Arbeitslosen- sowie die Pflegeversicherung. Allerdings lässt sich aus dem *GG* für den Bürger gerade nicht auch das künftige Bestehen dieser Vorsorgesysteme garantieren!

Mit **sozialen Fördersystemen**, wird eine Chancengleichheit bezweckt, die sich ebenfalls aus dem Sozialstaatsprinzip herleiten lässt.

Das Sozialstaatsprinzip beinhaltet auch, dass zur **Entschädigung** bzw. zum Ausgleich von Schäden, Gelder bezahlt werden, da *„die staatliche Gemeinschaft in der Regel Lasten mitträgt, die aus einem von der Gesamtheit zu tragenden Schicksal entstanden sind und mehr oder weniger zufällig nur einzelne Bürger oder bestimmte Gruppen von ihnen getroffen haben"* (BVerfGE 102,254,298).

Das Sozialstaatsprinzip verpflichtet alle drei Staatsgewalten, nach den Gesichtspunkten der **sozialen Gerechtigkeit und sozialen Sicherheit** zu handeln. Vor allem ist die Legislative gefordert, gesetzliche Regelungen zur konkreten Ausgestaltung des Sozialstaates zu erlassen, wobei dem **Gesetzgeber** hierbei ein sehr **weiter Gestaltungsspielraum** obliegt. Diesem Handlungsauftrag ist der Gesetzgeber durch den Erlass einer Vielzahl von Gesetzen zum Ausbau des Sozialstaates auch nachgekommen, z. B. durch Regelungen im Sozialgesetzbuch, wie z. B. der Sozialhilfe im *SGB XII*, Krankenversicherung im *SGB V*, Pflegeversicherung im *SGB XI*.

Durch die einfachen Gesetze wird die soziale Wirklichkeit für den Bürger erst verbindlich gestaltet, denn subjektive Rechte (Ansprüche) ergeben sich grundsätzlich alleine aus dem Sozialstaatsprinzip für den einzelnen Bürger nicht, d. h. der Bürger kann daraus unmittelbar keine Ansprüche auf bestimmte Sozialleistungen herleiten. Subjektive Rechte ergeben sich für den Einzelnen erst aus konkreten Gesetzen, die der Gesetzgeber auf Grund des Sozialstaatsprinzips zum Ausbau des sozialen Netzes erlassen hat, wie z. B. der eben erwähnten Sozialhilfe des *SGB XII*.

Abbildung 3: System der sozialen Sicherung in Deutschland

3.3 GRUNDRECHTE

Grundrechte spielen in der täglichen Praxis der sozialen Arbeit eine sehr wichtige Rolle. Das Grundgesetz beinhaltet in seinen Artikeln 1-19 die Grundrechte (sog. Grundrechtskatalog). Diese beinhalten Rechte, die der Bürger gegenüber dem Staat beanspruchen kann. Dabei differenziert das GG zwischen Grundrechten, die allen Menschen zustehen (sog. Menschenrechte oder Jedermannsrechte) und solchen Grundrechten, die nur Deutschen zustehen (sog. Bürgerrechte oder Deutschenrechte). Wer als Deutscher im Sinne des *GG* gilt, wird in *Art. 116 GG* definiert. Die Menschenrechte sind durch die im Grundgesetz verwendeten Begrifflichkeiten wie „jeder", „jedermann", „alle Menschen", „niemand" zu erkennen, wie z. B. das in *Art. 2 Abs. 1 GG* geschützte Allgemeine Persönlichkeitsrecht („Jeder hat das Recht auf die freie Entfaltung seiner Persönlichkeit ..."). Die Deutschen- bzw. Bürgerrechte lassen sich an der Formulierung „alle Deutschen" erkennen, wie z. B. die in *Art. 8 Abs. 1 GG* geregelte Versammlungsfreiheit („Alle Deutschen haben das Recht, sich ohne Anmeldung oder Erlaubnis friedlich und ohne Waffen zu versammeln."). Entsprechend ihrer unterschiedlichen Wirkungsweise kann zwischen **drei Grund-**

rechtsarten unterschieden werden, nämlich **Freiheitsgrundrechten, Leistungsgrundrechten** und den **Gleichheitsgrundrechten.**

Daneben existieren auch außerhalb des Grundrechtskatalogs **grundrechtsgleiche Rechte,** wie z. B. die sog. Justizgrundrechte gemäß *Artt. 101, 103 und 104 GG.* Ihre Verletzung kann, wie die der Grundrechte, mit der Verfassungsbeschwerde geltend gemacht werden.

3.3.1 FUNKTIONEN

Die meisten Grundrechte sind **Freiheitsgrundrechte.** Sie stellen in erster Linie **Abwehrrechte des Bürgers gegen den Staat** dar, d. h. die Freiheitssphäre des einzelnen Bürgers soll vor Eingriffen der öffentlichen Gewalt geschützt werden (z. B. *Artt. 2, 4, 5, 12, 14 GG*).

Zudem stellen Grundrechte eine **objektive Werteordnung** dar, die für alle Bereiche der Rechtsordnung Geltung beanspruchen und für die Legislative, Exekutive und Judikative richtungsweisend sind. Dies bedeutet, dass die in den Grundrechten geschützten Güter, wie z. B. Leben und körperliche Unversehrtheit (vgl. *Art. 2 Abs. 2 GG*), besonders beachtet werden müssen. Der Staat hat auch dafür Sorge zu tragen, dass diese Rechtsgüter im gesellschaftlichen Miteinander seiner Bürger besonders beachtet werden. Dies wird durch die formellen und materiellen Gesetze erreicht, die von den Bürgern beachtet werden müssen (Ausstrahlungswirkung der Grundrechte auch im Privatrecht). So existieren im Strafgesetzbuch zahlreiche Paragraphen, die zum Schutz des Lebens und der körperlichen Unversehrtheit erlassen wurden, z. B. *§§ 223 ff. StGB,* die die Körperverletzung unter Strafe stellen, und *§§ 211, 212 StGB*, die Mord und Totschlag sanktionieren. In zivilrechtlicher Hinsicht werden diese Rechtsgüter selbstverständlich ebenfalls geschützt, z. B. über den Schadensersatzanspruch des *§ 823 BGB*, wenn u. a. das Leben, der Körper, die Gesundheit eines Menschen widerrechtlich verletzt wurden.

Zudem beinhalten Grundrechte **Einrichtungsgarantien** (sog. Institutsgarantien). Bei diesen Einrichtungsgarantien, wie z. B. der Pressefreiheit *(Art. 5 GG)*, dem Schutz von Ehe und Familie *(Art. 6 GG)* und der Eigentumsgarantie *(Art. 14 GG)*, geht es nicht um die Gewährung individueller Rechte, sondern um die dauerhafte verfassungsrechtliche Gewährleistung bestimmter Institutionen als solcher. So ist das Privateigentum als solches von der Verfassung durch *Art. 14 GG* garantiert. Die konkrete Ausgestaltung bleibt allerdings dem einfachen Gesetzgeber vorbehalten, der hierbei einen weiten Gestaltungsspielraum hat und durch eine Vielzahl konkretisierender Regelungen (u. a. durch die Bereitstellung einer geeigneten Privatrechtsordnung) dieser Verpflichtung nachgekommen ist.

Zudem beinhalten die Grundrechte **Organisations- und Verfahrensgarantien.** *Art. 19 Abs. 4 GG* kommt hierbei eine besondere Bedeutung zu, da daraus die Garantie effektiven Rechtsschutzes für den Bürger abgeleitet wird. *Art. 19 Abs. 4 GG* stellt eine Grundsatznorm für die gesamte Rechtsordnung dar, da sie über den Individualrechtsschutz hinaus auch die objektive Rechtskontrolle gewährleistet.

Grundrechten kommt nur ganz **ausnahmsweise** die Funktion von **Leistungsrechten** zu. Finanzielle Leistungs- und Versorgungsansprüche des Bürgers gegen den Staat leiten sich grundsätzlich aus den einfachen Gesetzen her.

3.3.2 GRUNDRECHTSBERECHTIGUNG UND GRUNDRECHTSVERPFLICHTUNG

Wie bereits oben erwähnt stehen die Grundrechte allen Menschen bzw. den deutschen Staatsbürgern zu. Es handelt sich damit um natürliche Personen, die grundrechtsberechtigt sind. Unter der **Grundrechtsberechtigung** versteht man die Fähigkeit, Träger von Grundrechten zu sein; dies wird auch als **Grundrechtsfähigkeit** bezeichnet. Fähig, Träger von Grundrechten zu sein, sind alle natürlichen Personen von der Geburt bis zu ihrem Tod. Die Grundrechte stehen somit auch Kindern und Jugendlichen zu.

Ausnahmsweise wird auch das ungeborene Leben (sog. „nasciturus") im Rahmen des *Art. 1 Abs. 1 und des Art. 2 Abs. 2 S. 1 GG* geschützt. Selbstverständlich kann der ungeborene Mensch noch nicht Träger sämtlicher Grundrechte sein. Er kann sich z. B. nicht auf das Recht zur freien Meinungsäußerung beziehen, allerdings besitzt er Grundrechtsfähigkeit im Hinblick auf Leben und seine körperliche Unversehrtheit. So stellt sich der Staat auch vor das ungeborene Leben schützend und fördernd, indem er z. B. den Schwangerschaftsabbruch mit *§ 218 StGB* grundsätzlich unter Strafe stellt (Straffreiheit besteht nur bei bestimmten Indikationslagen der Schwangeren). Eine zweite Ausnahme gilt für den sog. „postmortalen Persönlichkeitsschutz", d. h. es ist mit der Unverletzlichkeit der Menschenwürde *(Art. 1 Abs. 1 GG)* unvereinbar, wenn der Wertachtungsanspruch einer Person nach ihrem Tod erlischt. Vielmehr besteht dieser auch über deren Tod hinaus, so dass Verstorbene nicht herabgewürdigt oder erniedrigt werden dürfen (sog. Mephisto-Urteil des *BVerfG, BVerfGE 30, 173, 196).*

Von der Grundrechtsberechtigung natürlicher Personen ist ihre **Grundrechtsmündigkeit** zu unterscheiden. Darunter versteht man die Fähigkeit, Grundrechte in eigener Person selbstständig geltend zu machen. Die Grundrechtsmündigkeit liegt unproblematisch ab der Volljährigkeit eines Menschen vor. Teilweise gibt es speziell geregelte Sonderfälle bezüglich der Grundrechtsmündigkeit, wie z. B. dem Asylrecht, das mit Erreichen des 16. Lebensjahres vom Jugendlichen eigenständig geltend gemacht werden kann. Sofern keine Sonderregelungen vorliegen, ist bei Kindern und Jugendlichen bei der Beurteilung, der Grundrechtsmündigkeit im Einzelfall auf deren Einsichtsfähigkeit, geistige Reife und das Urteilsvermögen bezüglich der Tragweite der jeweiligen Entscheidung abzustellen. Sofern Kinder bzw. Jugendliche nicht grundrechtsmündig sind, müssen die gesetzlichen Vertreter für diese handeln.

Wie weit Grundrechte auf Organisationen, d. h. auf **juristische Personen des Privatrechts** (z. B. GmbH), anwendbar sind, wird in *Art. 19 Abs. 3 GG* explizit geregelt. Danach gelten Grundrechte auch für inländische juristische Personen, soweit sie ihrem Wesen nach auf diese anwendbar sind. Nicht anwendbar sind Grundrechte demnach auf juristische Personen, wenn sie ganz unmittelbar mit dem Menschen als solchem, also dem Individuum verbunden sind. Beispielsweise kann sich eine GmbH als eine inländische juristische Person nicht auf das Grundrecht der Versammlungsfreiheit *(Art. 8 GG)* oder auf das Asylrecht *(Art. 16a GG)* berufen, hingegen kann sie die Verletzung ihres Eigentums *(Art. 14 GG)* geltend machen.

Von der Frage der **Grundrechtsberechtigung** ist die Frage der **Grundrechtsverpflichtung** zu unterscheiden, also wer durch die Grundrechte verpflichtet wird, somit ihr Adressat ist. Diese Frage wird von der Verfassung durch *Art. 1 Abs. 3 GG* beantwortet. Danach müssen alle drei Staatsgewalten (Legislative, Exekutive, Judikative) die Grundrechte, die den Bürgern als subjektiv-öffentliche Rechte gegenüber dem Staat zustehen, zwingend beachten. Die **Grundrechte gelten** nur im **Verhältnis des Bürgers zum Staat**, d. h. die Bürger können sich auf Grundrechtsverletzungen durch die Staatsmacht berufen, während dies der Staat umgekehrt nicht kann. Da der Staat über *Art. 1 Abs. 3* grundrechtsverpflichtet ist, kann er nicht gleichzeitig grundrechtsberechtigt sein. Dies würde zu einer Interessenkollision führen. Grundrechte schützen vor allem die Freiheitssphäre des Einzelnen gegen Eingriffe der staatlichen Gewalt; der Staat ist Verpflichteter der Grundrechte, nicht Berechtigter.

Juristische Personen des öffentlichen Rechts sind damit nicht fähig, Träger von Grundrechten zu sein. Eine **Ausnahme** von diesem Grundsatz gilt lediglich für solche juristischen Personen des öffentlichen Rechts, die als eigenständige, vom Staat unabhängige oder zumindest distanzierte Einrichtungen existieren. Sie müssen gerade Zuordnungsobjekt zu einem bestimmten Grundrecht sein. Danach sind Rundfunkanstalten **partiell grundrechtsfähig** im Hinblick auf *Art. 5 Abs. 1 GG* und Hochschulen bezüglich *Art. 5 Abs. 3 GG*. Kirchen-, Religions- und Weltanschauungsgemeinschaften, die als Körperschaften des öffentlichen Rechts organisiert sind, sind ebenfalls grundrechtsfähig im Hinblick auf Art. 4 GG, da sie nicht im staatlichen Bereich angesiedelt sind und mit dem Grundrecht unmittlbar eine Verbindung aufweisen.

Grundrechte gelten grundsätzlich nur im Verhältnis des Bürgers zum Staat; auch die Bürger untereinander können sich nicht unmittelbar auf Grundrechte berufen. Bei Rechtsstreitigkeiten der Bürger untereinander beinhaltet das einfache Recht genügend Rechtsgrundlagen, um deren Rechte zu schützen.

In **Ausnahmefällen** entfalten Grundrechte auch eine Wirkung zwischen den Bürgern im Privatrecht, nämlich im Fall der sog. **mittelbaren Drittwirkung.** Da die Grundrechte nicht nur Abwehrrechte des Bürgers gegen den Staat sind, sondern auch die Funktion als objektive Wertentscheidungen bzw. Grundsatznormen des Verfassungsgebers haben, spielen sie bei der Auslegung unbestimmter Rechtsbegriffe durch die Gerichte eine wichtige Rolle. Unbestimmte zivilrechtliche Rechtsbegriffe stellen Einbruchsstellen für die Grundrechte ins Privatrecht dar. Die Grundrechte strahlen quasi in das Privatrecht aus und finden somit auch im Verhältnis der Bürger untereinander Anwendung. Solche unbestimmten Rechtsbegriffe sind z. B. die „Sittenwidrigkeit" gemäß *§ 138 BGB* und die Formulierung „Treu und Glauben" in *§ 242 BGB*.

Eine weitere **wichtige Ausnahme** stellt *Art. 9 Abs. 3 GG* dar (bitte lesen!). Dieses Grundrecht wird als Koalitionsfreiheit bezeichnet. Es ist das einzige Grundrecht, das nicht nur alle Träger öffentlicher Gewalt bindet *(Art. 1 Abs. 3 GG)* sondern darüber hinaus eine **unmittelbare Drittwirkung**, d. h. eine unmittelbare Geltung zwischen den Privatpersonen (Arbeitgeber und Arbeitnehmer), beinhaltet. Diese Vorschrift, welche die Grundlage des sog. kollektiven Arbeitsrechts darstellt, soll einen von staatlicher Rechtsetzung freien Raum garantieren, in dem frei gebildete Arbeitnehmer- und Arbeitgebervereinigungen (Gewerkschaften und Arbeitgeberverbände) das Arbeitsleben selbstständig ordnen. Der Koalitionsfreiheit kommt wegen ihrer **enormen Bedeutung** für unsere **soziale Rechtsordnung und gesamtgesellschaftliche Bedeutung** eine **verfassungsrechtliche Sonderstellung** zu. Sie enthält eine **Institutsgarantie** für den Kernbestand des Tarifvertragssystems. Gleichzeitig stellt sie ein **Freiheitsrecht** dar, in dem die Arbeitgeber und Arbeitnehmer selbst, eigenverantwirtlich und grundsätzlich frei von staatlicher Einflussnahme über die Arbeits- und Wirtschaftsbedingungen bestimmen sollen *(BVerfGE 50, 290, 367)*.

3.3.3   EXKURS: *ART. 9 ABS. 3 GG* MIT BLICK AUF DAS ARBEITSRECHT

Im Verfassungs- und Arbeitsrecht werden die arbeitsrechtlichen Verbände (Gewerkschaften und Arbeitgeberverbände) als Koalitionen bezeichnet. Arbeitsrechtliche Koalitionen stellen Zusammenschlüsse von Arbeitnehmern oder Arbeitgebern dar, um jeweils ihre Interessen durch Tarifvertrag – gegebenenfalls mittels Arbeitskampf – gemeinschaftlich organisiert zu verfolgen. Nach *Art. 9 Abs. 3 S. 2 GG* sind vertragliche Abreden, die die Koalitionsfreiheit einschränken oder zu behindern suchen, nichtig. Hierauf gerichtete Maßnahmen sind rechtswidrig:

Beispiele: Ein Arbeitgeber darf bei der Einstellung eines Bewerbers nicht zur Bedingung machen, dass dieser aus der Gewerkschaft austritt. Zudem ist in einem Einstellungsgespräch die Frage nach der Gewerkschaftszugehörigkeit grundsätzlich unzulässig.

Insgesamt kommt den Koalitionen eine große gesellschaftliche Bedeutung zu. Neben der oben dargestellen Hauptaufgabe der eigenständigen Organisation des Arbeitslebens nehmen sie auch verschiedene beratende und unterstützende Aufgaben wahr: Beispielsweise sind die Koalitionen bei allen Gesetzgebungsverfahren, die das Arbeitsleben betreffen, in den beratenden Ausschüssen vertreten. Zudem kommen ihnen viele Vorschlags- und Entsendungsrechte zu gerichtlichen Spruchkörpern (z. B. ehrenamtliche Richter) oder zu Verwaltungsbehörden (z. B. Organe der Bundesagentur für Arbeit) zu.

Art. 9 Abs. 3 GG stellt damit die zentrale Vorschrift des **kollektiven Arbeitsrechts** dar, das sich insbesondere mit den Rechten der Arbeitgeber- und Arbeitnehmerverbänden – also wenn es jeweils um das das sog. Kollektiv geht – beschäftigt. Zum kollektiven Arbeitsrecht zählen zudem die Themen zur innerbetrieblichen Mitbestimmung d. h. wenn die Arbeit des Betriebsrats im konkreten Betrieb des Arbeitgebers betroffen ist. Dies wird rechtlich im Betriebsverfassungsgesetz (BetrVG) geregelt.

An die Stelle des Betriebsrats tritt im Öffentlichen Dienst der Personalrat. Das Personalvertretungsrecht findet seine gesetzliche Grundlage im Personalvertretungsgesetz (PersVG) des Bundes sowie in den Personalvertretungsgesetzen der einzelnen Bundesländer.

Das Arbeitsrecht teilt sich neben dem kollektiven Arbeitsrecht in das individuelle Arbeitsrecht auf. Das **Individualarbeitsrecht** regelt das Verhältnis des einzelnen Arbeitgebers zu seinem einzelnen Arbeitnehmer: Hier geht es u. a. um das Zustandekommen des Arbeitsvertrags, über die konkreten Rechte und Pflichten im Arbeitsverhältnis bis hin zur Beendigung des Arbeitsverhältnisses, insbesondere der Kündigung.

Da in der Sozialen Arbeit die Kirchen eine große Rolle spielen, insbesondere in der Trägerlandschaft, soll das **kirchliche Arbeitsrecht** an dieser Stelle nicht unerwähnt bleiben. Im Bereich der Kirchen und ihnen zugeordneten Organisationen, d. h. der Caritas bei der katholischen Kirche sowie der Diakonie bei der evangelischen Kirche, gilt weder das *BetrVG* noch das *PersVG*. Nach *Art. 140 GG i. V. m. Art. 137 Abs. 3 WRV* verwaltet jede Religionsgemeinschaft ihre Angelegenheiten selbst. Hier existieren sog. Mitarbeitervertretungen (MAV), wobei diesen im Vergleich zum BetrVG und den Personalvertretungsgesetzen weniger Mitwirkungs- und Mitbestimmungsrechte zugestanden wird. Zudem gilt nicht das Tarifvertragsrecht, d. h. die Kirchen und deren zugeordnete Organisationen beteiligen sich nicht am Tarifsystem, das sowohl für die Privatwirtschaft als auch für den öffentlichen Dienst gilt. Durch arbeitsvertragliche Richtlinien (AVR) wurde für die kirchlichen Beschäftigten ein eigenes Arbeitsvertragsrecht geschaffen. Die Kirchen haben sich mit ihrem kirchlichen Arbeitsrecht ihren eigenen Bereich geschaffen, den man auch das „Prinzip des Dritten Weges" nennt.

Als Bestandteil des Berufsrechts ist das Arbeitsrecht für die Fachkräfte in der Sozialen Arbeit von hoher praktischer Relevanz – insbesondere auch im Hinblick auf Haftungsfragen. Es wird daher empfohlen, sich auch mit diesem Rechtsbereich im Laufe des Studiums näher zu beschäftigen (vgl. hierzu die weiterführende Literatur am Ende des Buches).

3.3.4 EINSCHRÄNKUNG VON GRUNDRECHTEN

In einem Staat müssen die unterschiedlichsten Interessen der Bürger untereinander und des Einzelnen gegenüber dem Interesse der Allgemeinheit reguliert und in einen Interessenausgleich gebracht werden. Daher wird kein Grundrecht uneingeschränkt gewährleistet. Was für einen Menschen die Betätigung seiner Rechte ist, stellt gleichzeitig für eine andere Person eine Beschränkung seiner Rechte dar.

Wenn also Nachbar N sein Grundstück mit einem mehrstöckigen Haus bebauen möchte, beruft er sich auf seine Eigentumsfreiheit *(Art. 14 GG)*, wobei dies den angrenzenden Nachbarn A erheblich in seinen eigenen Belangen beeinträchtigen kann, z. B. weil nun der schöne Ausblick vom Grundstück des A verbaut wird, sein Grundstück eine Wertminderung erfährt usw. Dies bedeutet, dass der Nach-

bar N sein Grundstück nicht immer nach eigenem Gutdünken bebau-
en kann (z. B. mit einem 20-stöckigen Hochhaus), sondern die Be-
bauung muss mit geltenden Rechtsvorschriften, wie z. B. dem
Baugesetzbuch *(BauGB)* und den Bauordnungen der Länder in Einklang stehen, die einen gerechten Interessenausgleich zwischen dem
Bauherrn, den Nachbarn und der Allgemeinheit herstellen. Sofern
dies gewährleistet ist, bekommt N von der Baurechtsbehörde eine
Baugenehmigung für sein Bauvorhaben.

Daher unterliegen die Grundrechte Schranken, was aus dem Wortlaut vieler Grundrechte bereits ersichtlich ist. Beispielsweise lautet
*Art. 2 Abs. 1 „Jeder hat das Recht auf die freie Entfaltung seiner Per-
sönlichkeit, soweit er nicht die Rechte anderer verletzt und nicht gegen die verfassungsmäßige Ordnung oder das Sittengesetz verstößt".*
Man bezeichnet dies als **Gesetzesvorbehalt**. *Art. 5 Abs. 1* schützt die
freie Meinungsäußerung, wobei in *Absatz 2* die Schranken dieses
Freiheitsrechts zu finden sind, wenn es heißt *„Diese Rechte finden
ihre Schranken in den Vorschriften der allgemeinen Gesetze, den gesetzlichen Bestimmungen zum Schutze der Jugend und in dem
Recht der persönlichen Ehre".* Dies bedeutet, dass ein Grundrecht
durch ein einfaches Gesetz eingeschränkt werden kann. So stellen
beispielsweise die *§§ 185 ff. StGB* Beleidigung, üble Nachrede und
Verleumdung von Personen unter Strafe.

Selbst wenn ein Grundrecht keine explizite Schranke enthält, wie
z. B. die Versammlungsfreiheit gem. *Art. 8 Abs. 1 GG*, unterliegt dieses dennoch den sog. **verfassungsimmanenten Schranken**. Dies bedeutet, dass jede Grundrechtsausübung immer unter dem Vorbehalt
der Gemeinverträglichkeit steht. Der einzelne Bürger kann von seinem Grundrecht nur so lange Gebrauch machen, wie er dadurch nicht
die Grundrechtssphäre anderer Menschen beeinträchtigt, d. h. die
Grundrechte Dritter und andere mit Verfassungsrang ausgestattete
elementare Rechtswerte sind geeignet, Grundrechte einzuschränken.
So kann beispielsweise bei einer Seuchengefahr eine Versammlung
unter freiem Himmel verboten werden, um die Demonstranten vor er-
heblichen Gefahren für Leib und Leben zu schützen.

Beim Erlass grundrechtseinschränkender Gesetze muss der Gesetzgeber allerdings die Grenzen des *Art. 19 Abs. 1* und *2 GG* beachten. Es muss sich bei dem das Grundrecht einschränkenden Gesetz um ein allgemeines Gesetz handeln (Verbot von Einzelfallgesetzen), das Grundrecht muss unter Angabe des Artikels genannt werden (Zitiergebot) und das Grundrecht darf nicht in seinem Wesensgehalt angetastet werden (Wesensgehaltsgarantie). Zudem muss der Gesetzgeber den Verhältnismäßigkeitsgrundsatz beachten.

3.3.5 EXKURS: ASYLRECHT *(ART. 16A GG)* MIT SEINEN UMFANGREICHEN EINSCHRÄNKUNGEN UND DIE BEDEUTUNG DES AUSLÄNDERRECHTS FÜR DIE SOZIALE ARBEIT

Politisch verfolgte Menschen genießen nach *Art. 16a GG* ein Asylrecht. Dem Grundrecht liegt im Hinblick auf die Menschenwürde der Gedanke zugrunde, dass kein Staat das Recht hat, Körper, Leben oder die persönliche Freiheit des Menschen aus Gründen zu gefährden oder zu verletzen, die allein in seiner politischen Überzeugung, seiner religiösen Grundentscheidung oder in für ihn unverfügbaren Merkmalen liegen, die sein Anderssein prägen. Anknüpfungspunkt für die Verfolgung ist demnach die Zugehörigkeit zu einer Rasse, Religion, Staatsangehörigkeit, politischen Überzeugung oder zu einer bestimmten sozialen Gruppe. Art. 16a GG enthält allerdings zahlreiche Einschränkungen, so dass in der Praxis sehr viele schutzsuchende Menschen an den hohen Anforderungen des Asylrechts scheitern:

Es muss nämlich zwingend eine politische, d. h. staatliche Verfolgung vorliegen. Dies ist bei Verfolgungen aus Kriegs- oder Bürgerkriegsländern oftmals nicht der Fall, wenn der Staat lediglich noch die Rolle einer militärisch kämpfenden Bürgerkriegspartei einnimmt und gerade keine übergreifende, effektive Ordnungsmacht mehr besitzt. Verfolgungen durch Privatpersonen (z. B. Familienmitglieder) werden nicht geschützt, da dies dem Staat grundsätzlich nicht zurechenbar ist. Nach *Art. 16a Abs. 2 GG* können sich politisch Verfolgte auf das grundrechtlich garantierte Asylrecht nicht berufen, sofern sie aus einem Mitgliedsstaat der Europäischen Gemeinschaften oder aus einem sog. Sicheren Drittstaat einreisen. Als weitere Einschränkung ist in *Art. 16a Abs. 3 GG* das Konzept der „sicheren Herkunftsstaaten" zu erwähnen. Von gesetzgeberischer Seite können bestimmte Staaten als „sicher" eingestuft werden (z. B. die Staaten Marokko, Algerien, Tunesien), wobei dann die Vermutung angenommen werden darf, dass ein Ausländer, der aus einem solchen Staat einreist, nicht verfolgt wird. Aufgrund dieser enorm hohen grundgesetzlichen Anforderungen an das Asylrecht ist die Anerkennung als Asylberechtigter nach *Art. 16a GG* in der Praxis die Ausnahme.

Die Begriffe „Asylbewerber" und „Flüchtling" werden im Volksmund oft synonym verwendet, obwohl es hier rechtliche Unterschiede gibt. Im juristischen Sinne ist eine Unterscheidung allerdings notwendig, da sich aus dem jeweiligen Schutzstatus des Migranten (z. B. als anerkannter Flüchtling nach der Genfer Flüchtlingskonvention) ein bestimmtes Aufenthaltsrecht mit unterschiedlichen Zugängen zum Arbeitsmarkt und den Sozialleistungen ergibt.

Derzeit befindet sich das Ausländer-, Migrations- und Flüchtlingsrecht in Deutschland in einem permanenten Wandel, um den Zustrom von Schutzsuchenden, deren Integration sowohl in die Gesellschaft als auch in den Arbeitsmarkt sowie den herrschenden Fachkräftemangel zu bewältigen. Nicht nur diesen gesetzlichen Regelungen kommt dabei eine große gesellschaftliche Bedeutung zu, sondern gerade auch der Sozialen Arbeit. Die Arbeit mit und für Menschen mit Migrationshintergrund stellt ein wichtiges Betätigungsfeld für Fachkräfte in der Sozialen Arbeit dar. Menschen mit Migrationshintergrund befinden sich überproportional in schwierigen Lebenssituationen: sie sind oftmals gar nicht oder nur gering qualifiziert, ohne Arbeit und von Sozialleistungen abhängig, so dass der Beratungs- und Handlungsbedarf im diesem Bereich besonders groß ist (siehe hierzu die weiterführende Literatur am Ende des Buches).

Schutzbereich	Grundrechtsnorm (bitte im GG nachlesen!)
Schutz des Einzelnen und seiner Privatsphäre	Art. 1 Abs. 1 Art. 2 Abs. 1 i. V. m. Art. 1 Abs. 1 Art. 2 Abs. 2 Art. 10, Art. 13 Art. 104
Allgemeine Handlungsfreiheit	Art. 2 Abs. 1
Gleichheitsrechte	Art. 3 Art. 6 Abs. 5 Art. 33 Abs. 2
Schutz unterschiedlicher kommunikativer Handlungen	Art. 4 Art. 5 Art. 8 Art. 9 Abs. 1 und 2 Art. 17
Schutz des Eigentums und der Erwerbstätigkeit	Art. 14 Art. 9 Abs. 3 Art. 12
Schutz von Ehe & Familie sowie Kindererziehung und Schulwesen	Art. 6 Art. 7
Sog. Justizgewährungsansprüche	Art. 19 Abs. 4 Art. 101 Art. 103
Staatsangehörigkeitsschutz, Auslieferungsschutz, Asylrecht	Art. 16 Art. 16a

Abbildung 4: Systematisierung der Grundrechte nach der zu schützenden Sphäre des Grundrechtsinhabers

4. ZIVILRECHTLICHE GRUNDLAGEN

Die bedeutendste Quelle des Zivilrechts stellt das *BGB* dar. Es regelt die wichtigsten Rechtsbeziehungen zwischen den Privatpersonen. Hierbei kommt dem Vertragsrecht eine besondere Bedeutung zu, denn die eigenverantwortliche Gestaltung der Lebensverhältnisse im privaten sowie geschäftlich-beruflichen Bereich geschieht in unserer Gesellschaft im Wesentlichen durch Verträge. Ein wichtiges Prinzip, das sich durch das ganze *BGB* zieht, ist die Vertragsfreiheit, sog. „Privatautonomie". Die Privatautonomie wird dem Bürger durch das Grundgesetz garantiert, nämlich durch die Freiheit des Eigentums, die Gewährleistung des Erbrechts in *Art. 14 GG* und durch die allgemeine Handlungsfreiheit, die durch *Art. 2 Abs. 1 GG* verfassungsrechtlich geschützt wird. Unter der Privatautonomie versteht man, dass jeder innerhalb der Grenzen der verfassungsmäßigen Rechtsordnung frei darüber entscheiden kann, ob er Verträge eingehen möchte (Abschlussfreiheit) und welche Inhalte die zu schließenden Verträge aufweisen sollen (Gestaltungsfreiheit).

Allerdings gilt die Privatautonomie nicht uneingeschränkt. Vielmehr müssen auch im Rahmen der Vertragsfreiheit die grundlegenden Wertentscheidungen des Grundgesetzes berücksichtigt werden (vgl. oben zur mittelbaren Drittwirkung von Grundrechten unter Gliederungspunkt 3.3). So dürfen Verträge beispielsweise nicht gegen die „guten Sitten" gem. *§ 138 BGB* verstoßen. Sofern sie das dennoch tun, sind solche Verträge nichtig *(§ 142 BGB)* und müssen im Rechtsverkehr nicht beachtet werden. Die Privatautonomie stößt auch dann an ihre Grenzen bzw. wird durch gesetzliche Regelungen begrenzt, wenn sich die Vertragsparteien nicht „auf Augenhöhe" gegenüberstehen. Die den Vertragsinhalt beeinflussenden Regelungen sind umso restriktiver, je höher der Gesetzgeber die Schutzbedürftigkeit eines Vertragspartners einschätzt. Der Gesetzgeber nimmt hier vor dem Hintergrund des Sozialstaatsprinzips des *Art. 20 GG* und der Sozialpflichtigkeit des Eigentums gem. *Art. 14 Abs. 2 GG* zum Schutze des Schwächeren einen sozialen Ausgleich der Privatautonomie vor. So existieren beispielsweise im Miet- und Arbeitsrecht zu Gunsten der (wirtschaftlich) schwächeren Partei des Mieters bzw. Arbeitnehmers zahlreiche zwingende Rechtsnormen zu deren Schutz, die die Inhaltsfreiheit bei diesen Verträgen teilweise erheblich einschränken.

4.1 AUFBAU UND INHALT DES BGB

Das *BGB* ist in insgesamt fünf Bücher unterteilt. Im Folgenden werden zum besseren Verständnis die Inhalte der einzelnen Bücher im Überblick kurz dargestellt.

4.1.1 ALLGEMEINER TEIL

Das erste Buch *(§§ 1-240 BGB)* regelt den sog. Allgemeinen Teil. Ihm kommt eine besondere Bedeutung zu, denn es finden sich hier Regelungen, die für das gesamte Zivilrecht gelten. Der Gesetzgeber zieht im Allgemeinen Teil gesetzliche Regelungen „vor die Klammer", was den Vorteil hat, dass innerhalb des Besonderen Teils Wiederholungen vermieden werden. So werden in diesem Teil u. a. die Rechts- und Geschäftsfähigkeit, das Zustandekommen von Verträgen, die Stellvertretung oder auch die Verjährung von Ansprüchen geregelt.

4.1.2 SCHULDRECHT

Das dem *BGB* zugrundeliegende Prinzip, dem Besonderen das Allgemeine voranzustellen, findet sich auch im zweiten Buch des *BGB*, das das Recht der Schuldverhältnisse regelt, wieder (§§ 241-853). So werden die allgemeinen schuldrechtlichen Vorschriften den besonderen schuldrechtlichen Vorschriften vorangestellt. Die *§§ 241 bis § 432 BGB* enthalten allgemeine schuldrechtliche Vorschriften, die alle Schuldverhältnisse betreffen (z. B. Rücktrittsregelungen, Verzug), während der Besondere Teil *(§§ 433 bis 853 BGB)* konkrete vertragliche (z. B. Kauf-, Miet-, Werkvertrag) und gesetzliche Schuldverhältnisse regelt (z. B. unerlaubte Handlungen gemäß *§§ 823 ff. BGB*, ungerechtfertigte Bereicherung gemäß *§§ 812 ff. BGB*).

Unter einem **Schuldverhältnis** versteht man ein Rechtsverhältnis, das die eine Vertragsseite zu einer bestimmten Leistung verpflichtet (sog. Schuldner), während die Gegenseite das Recht besitzt, die geschuldete Leistung einzufordern (sog. Gläubiger). Der Schuldner ist die Person, die zu einer Leistung verpflichtet ist, während der Gläubiger die Leistung fordern kann. Es können auch mehrere Personen gleichzeitig Gläubiger bzw. Schuldner einer Leistung sein (Gesamtschuldnerschaft bzw. Gesamtgläubigerschaft). Es sind die rechtsgeschäftlichen Schuldverhältnisse von den gesetzlichen Schuldverhältnissen zu unterscheiden.

Die **rechtsgeschäftlichen Schuldverhältnisse** werden durch ein Rechtsgeschäft, also durch Vertrag, abgeschlossen. In der Praxis sind hier überwiegend die gegenseitigen Verträge relevant, bei denen beide Vertragspartner sich gegenseitig Leistungen schulden (z. B. Kaufvertrag, Mietvertrag, Werkvertrag, Dienstvertrag, Darlehensvertrag). Die Vertragspartner stehen in einem Austauschverhältnis und sind gleichzeitig Schuldner und Gläubiger einer Leistung. Vertragliche Ansprüche werden auch Forderungen oder Verbindlichkeiten genannt, je nachdem ob der Anspruch aus der Perspektive des Schuldners oder des Gläubigers betrachtet wird. Aus Gläubigersicht handelt es sich um eine Forderung gegen den Schuldner, während derselbe Anspruch aus der Schuldnerperspektive eine Verbindlichkeit darstellt, die gegenüber dem Gläubiger beglichen werden muss. Hingegen

entstehen die **gesetzlichen Schuldverhältnisse** kraft gesetzlicher Anordnung, wenn ein bestimmter Lebenssachverhalt vorliegt, der die
einzelnen Tatbestandsvoraussetzungen eines gesetzlichen Schuldver-
hältnisses erfüllt.

*Beispiel: A kauft sich beim Optiker B eine neue Brille. Als Käufer der Sache
schuldet A dem B die Bezahlung des Kaufpreises (vgl. § 433 Abs. 1 BGB),
während er als Gläubiger die Übergabe und Übereignung der Brille fordern
kann. Es handelt sich hier um ein vertragliches Schuldverhältnis, weil die gegenseitigen Rechte und Pflichten von A und B im geschlossenen Kaufvertrag
wurzeln.*

*Nachdem A seine neue Brille vom Optiker abgeholt hat, trifft er sich mit sei-
ner Freundin C, um ihr stolz seine neue Brille zu präsentieren. Aus Unacht-
samkeit reißt sie ihm die Brille von der Nase, diese fällt zu Boden und ein Bril-
lenglas geht zu Bruch. Dieser Sachverhalt erfüllt den Tatbestand des § 823
BGB, da C widerrechtlich das Eigentum (Brille) ihres Freundes A verletzt hat.
Als Rechtsfolge kann er von seiner Freundin Schadensersatz – z. B. anfallen-
de Reparaturkosten für die Brille – verlangen. Obwohl A und C in keinem konkreten Vertragsverhältnis stehen, kann der geschädigte A dennoch von C
Schadensersatz fordern, denn bei gesetzlichen Schuldverhältnissen entstehen Ansprüche gerade nicht auf Grund von Verträgen, sondern auf Grund
gesetzlicher Anordnung.*

4.1.3 SACHENRECHT

Das Sachenrecht, das im dritten Buch des *BGB* (§§ 854-1296) zu finden ist, beinhaltet die Rechtsbeziehungen einer Person zu einer Sache. Hervorzuheben sind in diesem Buch die Regelungen über den
Besitz *(§§ 854 ff. BGB)* und das **Eigentum** *(§§ 903 ff. BGB)* an Sa-
chen.

Der **Besitz** definiert sich als **tatsächliche** Herrschaftsbeziehung zu
einer Sache, während man unter dem **Eigentum** die **rechtliche** Herrschaftsbeziehung zu einer Sache versteht. Der Eigentümer einer Sache besitzt damit das absolute Herrschaftsverhältnis über diese. Besitzer und Eigentümer einer Sache müssen nicht dieselbe Person
sein, was im Alltag häufig der Fall ist. Der Eigentümer kann selbst
dann über seine Sache verfügen, selbst wenn er die Sache nicht im
Besitz hat, da es sich beim Eigentumsrecht um ein absolutes Recht
handelt. Auf Grund der umfassenden Verfügungsbefugnis kann der
Eigentümer seine Sache mit Rechten, wie z. B. einer Grundschuld

oder Hypothek belasten oder das Eigentum an andere Personen übertragen.

Beispiel: Der Eigentümer einer Wohnung kann diese an eine andere Person vermieten. Durch die Wohnungsübergabe erlangt der Mieter die tatsächliche Verfügungsgewalt über die Wohnung, er wird zu deren Besitzer ohne gleichzeitig Eigentümer zu sein, während der Vermieter nach wie vor Eigentümer der Wohnung bleibt. Auf Grund der umfassenden Herrschaftsbeziehung des Eigentümers zu seiner Sache kann der Vermieter nun während des bestehenden Mietverhältnisses die Wohnung an einen Dritten verkaufen, da der Mieter lediglich Besitz – und gerade kein Eigentum – an der Wohnung hat. Nach dem Verkauf der Wohnung tritt nun der neue Eigentümer (Wohnungskäufer) in die Rechtsposition des ursprünglichen Eigentümers, also dem Vermieter, ein.

4.1.4 FAMILIENRECHT

Im vierten Buch des *BGB* (§§ 1297-1921) sind die familienrechtlichen Regelungen zu finden. Im ersten Abschnitt dieses Buches finden sich Regelungen vom Verlöbnis über die Ehe bis hin zur Scheidung. Im zweiten Abschnitt wird das Verhältnis zwischen Eltern und Kind sowie die Adoption geregelt. Der letzte Abschnitt des familienrechtlichen Buches enthält Regelungen bezüglich der Vormundschaft, rechtlicher Betreuung und Pflegschaft.

Das vierte Buch enthält für viele Tätigkeitsfelder der Sozialen Arbeit sehr praxisrelevante Regelungen, auf die im zweiten Teil dieses Grundlagenbuches näher eingegangen wird.

4.1.5 ERBRECHT

Im letzten Buch des *BGB (§§ 1922-2385)* finden sich erbrechtliche Regelungen, die zum Ziel haben, das Privateigentum nach dem Tode des Eigentümers (sog. Erblasser) im Wege der Rechtsnachfolge weiterhin fortbestehen zu lassen. Der Erblasser hat es weitestgehend selbst in der Hand, die Erbfolge durch Testament oder Erbvertrag zu regeln (sog. **Testierfreiheit**). Die Testierfreiheit, die eine Ausprägung der Privatautonomie darstellt, wird allerdings durch das Pflichtteilsrecht *(§§ 2303 ff. BGB)* eingeschränkt, d. h. unmittelbare Angehörige des Erblassers können selbst bei Enterbung ihren Pflichtteil einfordern. Der Pflichtteil stellt die Hälfte des gesetzlichen Erbteils dar und ist Ausdruck der Fürsorgepflicht, die der Erblasser auch über seinen

Tod hinaus für seine Angehörigen besitzt. Sofern weder ein Testament noch ein Erbvertrag vorhanden sind, tritt die gesetzliche Erbfolge ein, d. h. das Vermögen des Verstorbenen geht auf dessen Ehepartner und die nächsten Verwandten über.

Bezüglich der für die Praxis der Sozialen Arbeit wichtigen zivilrechtlichen Grundlagen wird im Hinblick auf die notwendige Schwerpunktsetzung in diesem Buch auf die Darstellung des besonderen Schuldrechts sowie des Sachen- und Erbrechts verzichtet.

4.2 ZIVILRECHTLICHE GRUNDBEGRIFFE

Wer beurteilen möchte, ob tatsächlich eigene Ansprüche bzw. die des Klienten bestehen, muss zwingend die Regeln kennen, die für Vertragsschlüsse gelten. Bevor allerdings auf den konkreten Abschluss eines Vertrages eingegangen wird, werden zunächst die wichtigsten zivilrechtlichen Grundbegriffe, auf die das Vertragsrecht aufbaut, geklärt. Zunächst ist daher der Frage nachzugehen, wer überhaupt Verträge abschließen kann.

4.2.1 NATÜRLICHE UND JURISTISCHE PERSONEN

Personen, die Träger von Rechten und Pflichten sein können und damit fähig sind, Verträge abzuschließen, werden als Rechtssubjekte bezeichnet. Hierbei wird zwischen den natürlichen Personen, also Menschen, und den juristischen Personen, deren Existenz eine ausschließlich rechtliche ist, unterschieden.

Die juristischen Personen kann man hierbei in juristische Personen des Privatrechts und in die juristischen Personen des öffentlichen Rechts untergliedern. Beide können zivilrechtliche Verträge abschließen. So kann eine Gemeinde als juristische Person des öffentlichen Rechts beispielsweise Kaufverträge für ihre Hard- und Software zur Ausstattung der Amtsstuben einkaufen (sog. fiskalische Tätigkeiten).

Des Privatrechts	**Des öffentlichen Rechts**

• **Eingetragener Verein** (e.V.), §§ 21 ff. BGB
 	
• **Gesellschaft mit beschränkter Haftung** (GmbH), GmbHG
 	
• **Aktiengesellschaft** (AG), AktG
 	
• **Eingetragene Genossenschaft** (eG), GenG
 	
• **Kommanditgesellschaft auf Aktien** (KGaA), §§ 278 ff. AktG
 	
• **Stiftungen**, §§ 80 ff. BGB, z.B.
 	
  o Stiftung Volkswagenwerk
  o Bertelsmann Stiftung
	• **Anstalten**, z.B. öffentliche Rundfunk- und Fernsehanstalten wie das ZDF
	
	• **Körperschaften**
	
	  o Gebietskörperschaften, z.B. Bund, Länder, Gemeinden
	  o Personalkörperschaften, z.B. Hochschule, Sozialversicherungen
	
	• **Stiftungen**, z.B.
	
	  o Stiftung „Mutter und Kind"
	  o Stiftung „Behindertes Kind"

Abbildung 5: Juristische Personen

4.2.2 RECHTSFÄHIGKEIT

Unter der Rechtsfähigkeit versteht man die Fähigkeit, Träger von Rechten und Pflichten zu sein. Die oben erwähnten natürlichen und juristischen Personen des privaten und öffentlichen Rechts erlangen ihre Rechtsfähigkeit auf unterschiedlichem Wege, was in den jeweils einschlägigen Gesetzen konkret geregelt ist.

Für juristische Personen gilt, dass sie ihre Rechtsfähigkeit durch einen rechtsbegründenden Akt des Staates (Hoheitsakt) entweder durch Verleihung oder durch Eintragung in ein amtliches Register erhalten. So erlangt beispielsweise ein Verein, dessen Zweck auf einen wirtschaftlichen Geschäftsbetrieb gerichtet ist, seine Rechtsfähigkeit durch Eintragung in das Vereinsregister des zuständigen Amtsgerichts *(§§ 21, 55 ff. BGB)*. Die Rechtsfähigkeit der juristischen Person endet mit deren Erlöschen.

Hingegen erlangt der Mensch als natürliche Person mit Vollendung seiner Geburt automatisch die Rechtsfähigkeit *(§ 1 BGB)*. In Ausnahmefällen besteht die Rechtsfähigkeit auch schon bei dem zwar bereits gezeugten, allerdings noch nicht geborenen Kind wie z. B. dem Erbrecht des Ungeborenen gemäß § 1923 Abs. 2 BGB. Die Rechtsfähigkeit endet mit dem Versterben des Menschen.

4.2.3 HANDLUNGSFÄHIGKEIT

Neben der Rechtsfähigkeit kommt als weitere wichtige Grundeigenschaft des Menschen seine Handlungsfähigkeit hinzu. Darunter versteht man die Fähigkeit, rechtlich bedeutsame Handlungen vornehmen zu können. Die Handlungsfähigkeit unterteilt sich bei natürlichen Personen in die Geschäftsfähigkeit und die Deliktsfähigkeit, auf die im Folgenden näher eingegangen wird.

Im Unterschied zu den natürlichen Personen können die juristischen Personen nicht selbst handeln. Sie sind darauf angewiesen, dass ihre Organe – wie z. B. der Vorstand eines Vereins oder der Geschäftsführer einer GmbH – für sie handeln. Die Organe nehmen im Rahmen ihrer Vertretungsmacht also für die juristische Person Rechtsgeschäfte vor (zur Stellvertretung vgl. untenstehend Gliederungspunkt 4.4).

4.2.4 GESCHÄFTSFÄHIGKEIT

Unter der Geschäftsfähigkeit versteht man die Fähigkeit, selbst Verträge und andere Rechtsgeschäfte abschließen zu können. Damit geht der Begriff der Geschäftsfähigkeit wesentlich weiter als der der Rechtsfähigkeit, da es bei der Rechtsfähigkeit nur darum geht, wer überhaupt Inhaber von Rechten und Pflichten ist. Bei der Geschäftsfähigkeit geht es um die Schaffung solcher Rechte und Pflichten durch die Abgabe von Willenserklärungen.

Die §§ 104 bis 113 BGB enthalten Regelungen zur Geschäftsfähigkeit. Es können lediglich natürliche Personen geschäftsfähig sein, für die juristischen Personen handeln ihre Organe (diese bestehen aus natürlichen Personen!).

Beispiel: Ein Autohaus, die BMW-Müller-GmbH, möchte von einem Kunden dessen gebrauchtes Fahrzeug ankaufen. Die BMW-Müller-GmbH als juristische Person des Privatrechts kann Vertragspartner für den Kaufvertrag sein, da sie rechtsfähig ist. Da die GmbH als juristische Person allerdings weder sprechen noch schreiben kann, ist sie nicht handlungsfähig. Es handelt für diese eine natürliche Person, die die Rechtsgeschäfte abschließt, z. B. der Geschäftsführer, der für die GmbH im konkreten Fall den Kaufpreis aushandelt und den Vertrag im Namen der BMW-Müller-GmbH unterzeichnet.

Die **volle Geschäftsfähigkeit** tritt mit der Volljährigkeit ein *(§ 2 BGB)*. Vor Vollendung des 18. Lebensjahres ist man – je nach Lebensalter – entweder geschäftsunfähig oder beschränkt geschäftsfähig:

Geschäftsunfähig sind Kinder unter sieben Jahren *(§ 104 Nr. 1 BGB)*. Sie können daher nicht selbst eigene Rechtshandlungen vornehmen, d. h. sie können selbst noch keine wirksamen Verträge abschließen, da die von ihnen abgegebenen Willenserklärungen gemäß *§ 105 Abs. 1 BGB* nichtig sind. Die gleiche Rechtsfolge (Nichtigkeit der Willenserklärung) tritt ein, wenn die Person unter einer krankhaften Störung der Geistestätigkeit gemäß *§ 104 Nr. 2 BGB* leidet oder der normalerweise Geschäftsfähige während einer vorübergehenden Störung der Geistestätigkeit – beispielsweise bei Volltrunkenheit – eine Willenserklärung abgibt *(§ 105 Abs. 2 BGB)*.

Zwischen 7 und 17 Jahren – also bis zur Erreichung der Volljährigkeit – sind Kinder bzw. Jugendliche beschränkt geschäftsfähig *(§ 106 BGB)*. Ausnahmsweise sind auch Volljährige, für die ein Betreuer bestellt worden ist, den beschränkt geschäftsfähigen Minderjährigen gleichgestellt, sofern durch das zuständige Gericht gemäß *§ 1903 BGB* ein sog. Einwilligungsvorbehalt angeordnet wurde. Wenn ein beschränkt Geschäftsfähiger einen Vertrag abschließt, ist dieser grundsätzlich schwebend unwirksam. Der Vertrag erlangt erst seine Wirksamkeit entweder durch vorherige Einwilligung *(§ 107 BGB)* oder durch nachträgliche Zustimmung – die als Genehmigung gemäß *§ 108 BGB* bezeichnet wird – des gesetzlichen Vertreters. **Gesetzliche Vertreter** sind im Regelfall die **Eltern** gemäß *§§ 1626 Abs. 1, 1629 Abs. 1 BGB* bzw. der **Betreuer** gemäß *§§ 1902, 1903 Abs. 1 BGB*. Die *§§ 104 ff. BGB* schränken damit den im *BGB* geltenden Grundsatz der Privatautonomie ein, um Personen, denen eine notwendige Einsichtsfähigkeit (noch) nicht gegeben ist, zu schützen. Im Interesse der Rechtssicherheit und Rechtsklarheit legt das *BGB* starr fest, wem eine solche Einsicht fehlt.

Ausnahmsweise kann eine ohne die vorherige Einwilligung des gesetzlichen Vertreters abgegebene Willenserklärung dann rechtswirksam abgegeben werden, wenn durch sie lediglich ein rechtlicher Vorteil erlangt wird bzw. bei rechtlich neutralen Geschäften (*§ 107 BGB* bitte lesen!). Dies ist nicht nach wirtschaftlichen, sondern rein nach rechtlichen Gesichtspunkten zu betrachten! Selbst wenn ein Kaufvertrag wirtschaftlich sehr vorteilhaft sein sollte, erwächst dem Minderjährigen auf Grund seiner Verpflichtung zur Gegenleistung auf jeden Fall ein rechtlicher Nachteil, womit die Einwilligung bzw. Genehmigung des gesetzlichen Vertreters zwingend eingeholt werden muss.

Beispiel: Onkel O schenkt seinem vierzehnjährigen Neffen N einen alten Computer.

Abwandlung: Onkel O verkauft seinem Neffen N den alten Computer zum Freundschaftspreis von 10,– €.

Sofern O dem N den Computer schenkt, handelt es sich um eine Schenkung gemäß *§ 516 BGB*. Da mit der Annahme der Schenkung für den N als Beschenkter keine Verpflichtung verbunden ist, ist das Geschäft für diesen rechtlich rein vorteilhaft und auch ohne Einwilligung bzw. Genehmigung der Eltern wirksam. Sofern der O allerdings den Rechner kaufen muss (vgl. Abwandlung), ist damit gem. *§ 433 Abs. 2* BGB seine Pflicht zur Zahlung des Kaufpreises in Höhe von 10,– € verbunden. Dass es sich wirtschaftlich um ein gutes Geschäft für den N handelt, weil der Computer in Wirklichkeit erheblich mehr wert ist als 10,– €, ist völlig unerheblich.

Da die meisten Verträge zweiseitig verpflichtend sind, also gegenseitige Rechte und Pflichten der Vertragspartner beinhalten, ist im Regelfall die Einwilligung bzw. Genehmigung einzuholen. Wenn ein beschränkt Geschäftsfähiger ein Rechtsgeschäft ohne die gemäß *§ 107 BGB* erforderliche vorherige Zustimmung des gesetzlichen Vertreters abschließt, wird das schwebend unwirksame Rechtsgeschäft mit der Genehmigung *(§§ 108 Abs. 1, 184 Abs. 1 BGB)* wirksam. Das Rechtsgeschäft gilt dann als von Anfang an wirksam. Der Vertragspartner des Minderjährigen hat die Möglichkeit, dessen gesetzlichen Vertreter zur Genehmigung des Vertrages aufzufordern. Nach Ablauf von zwei Wochen ist die Genehmigung allerdings nicht mehr möglich und das Rechtsgeschäft bleibt unwirksam *(§ 108 Abs. 2 BGB)*.

Beispiel: Der vierzehnjährige Malte schließt einen Mobiltelefon-Vertrag ab. Das Mobilfunk-Unternehmen erkundigt sich bei den Eltern im Hinblick auf die Genehmigung des Vertrages, wobei diese daraufhin unmittelbar ihr Einverständnis erklären.

Sofern der Minderjährige nach Vertragsabschluss volljährig wird, kann er gemäß *§ 108 Abs. 3 BGB* das Rechtsgeschäft selbst genehmigen. Der Vertragspartner hat gemäß *§ 109 BGB* bis zur Genehmigung des Vertrages ein Widerrufsrecht, das allerdings nach *§ 109 Abs. 2 BGB* eingeschränkt sein kann.

Den *§§ 110, 112* und *113 BGB* kommt innerhalb des Minderjährigenrechts eine große praktische Relevanz zu. Diese Vorschriften räumen dem gesetzlichen Vertreter die Möglichkeit ein, dem Minderjährigen eine Generaleinwilligung für eine Gruppe von Rechtsgeschäften zu erteilen. Dies hat zur Folge, dass der Minderjährige im Rahmen der Generaleinwilligung einer vollgeschäftsfähigen Person gleichsteht. Der sog. „Taschengeldparagraph" *(§ 110 BGB)* stellt hierbei den praktisch häufigsten Fall einer Generaleinwilligung dar.

Taschengeldparagraph, § 110 BGB

Der Taschengeldparagraph greift, wenn der Minderjährige die von ihm geschuldete Leistung mit Mitteln bewirkt, die ihm zu diesem Zweck oder zur freien Verfügung von dem gesetzlichen Vertreter oder mit dessen Zustimmung von einem Dritten überlassen worden sind. Neben dem Taschengeld sind auch das dem Minderjährigen überlassene Arbeitseinkommen und dessen Ausbildungsvergütung weitere Anwendungsfälle des *§ 110 BGB*. Sinn und Zweck des Taschengeldparagraphen ist es, den Minderjährigen an den **vernünftigen Umgang mit Geld heranzuführen** und ihm die Erfüllung wertmäßig entsprechender Wünsche zu überlassen.

Beispiel: Der vierzehnjährige Malte kauft sich ein Computerspiel und bezahlt es sofort mit seinem Taschengeld.

Im Rahmen des *§ 110 BGB* steht der **Erziehungsgedanke** und der **Minderjährigenschutz** im Vordergrund. Daher ist eine Zweckbindung des Taschengeldes möglich und der gesetzliche Vertreter kann das Tätigen bestimmter Rechtsgeschäfte von vornherein ausschließen.

Beispiel: Die Eltern verbieten dem vierzehnjährigen Malte den Kauf einer Play-station von seinem Taschengeld, da sie der Meinung sind, dass er sich schon genug vor dem Fernseher und seinem Computer aufhalte.

Im Rahmen des *§ 110 BGB* muss der Minderjährige die vertragsmä-ßige Leistung mit diesen Mitteln „bewirkt", und zwar – das sollten Sie sich unbedingt gedanklich ergänzen – **vollständig bewirkt haben.** Dies bedeutet, die komplette vertragsmäßig geschuldete Leistung muss tatsächlich erbracht worden sein. Bei Ratenzahlungsverträgen wird der Vertrag daher erst mit Zahlung der letzten Rate wirksam.

Beispiel: Der 16-jährige Malte (M) erwirbt bei der Zweirad-Händlerin Z einen sehr kostengünstigen gebrauchten Motorroller. Es wird vereinbart, dass M gegen Zahlung von 30,– € monatlich für die Dauer von 12 Monaten den Kauf-preis ratenweise bewirken darf. M weiß, dass seine ängstlichen Eltern strikt gegen die Anschaffung eines Motorrollers sind, daher teilt er ihnen den Kauf nicht mit. In der Folgezeit zahlt M immer pünktlich das vereinbarte monatli-che Entgelt von seinem Taschengeld an die Z. Nach drei Monaten erwischen die Eltern ihren Sohn zufällig auf dem Roller und stellen ihn zur Rede. Sie sind entsetzt und verlangen von ihm, dass dieser den Roller umgehend an die Z zurückgibt. Die Z weigert sich jedoch, den Roller zurückzunehmen und verlangt stattdessen die weitere Erfüllung des Vertrages.

Da M noch nicht den gesamten Kaufpreis bezahlt hat, hat er seine Leistung – nämlich die Kaufpreiszahlung gem. *§ 433 Abs. 2 BGB* – noch nicht vollständig gem. *§ 110 BGB* bewirkt. Der Ratenkauf könn-te nur noch über eine Genehmigung der Eltern gem. *§ 108 BGB* wirk-sam werden, was allerdings laut Sachverhalt nicht der Fall ist. Der schwebend unwirksame Vertrag bleibt daher unwirksam. Auf Grund der Unwirksamkeit des Vertrages muss dieser wieder rückabgewi-ckelt werden, d. h. Z muss den Motorroller zurücknehmen und gleich-zeitig die bereits gezahlten 90,– € zurückgeben. Die Rückabwicklung des Vertrags erfolgt über die Vorschriften der *§§ 812 ff. BGB.*

Für den Handel besteht folglich immer die Gefahr, dass Rechts-geschäfte Minderjähriger auf Verlangen der gesetzlichen Vertreter rückgängig gemacht werden müssen. Kinder und Jugendliche verfü-gen über immer mehr Taschengeld und werden auf Grund ihrer enor-men Kaufkraft von der Konsum-Industrie stark beworben. Gerade für den Einzelhandel haben die Minderjährigen wegen ihrer finanziellen Möglichkeiten in den letzten Jahren ganz erheblich an Bedeutung gewonnen, dennoch besteht für die Händler immer ein gewisses Risiko im Hinblick auf die Wirksamkeit des Rechtsgeschäfts, wenn sie einen Vertrag mit Minderjährigen abschließen.

Selbstständiger Betrieb eines Erwerbsgeschäfts, § 112 BGB

Ein beschränkt Geschäftsfähiger kann wirksame Rechtsgeschäfte abschließen, wenn er gemäß *§ 112 BGB* von seinem gesetzlichen Vertreter mit Genehmigung des Familiengerichts dazu ermächtigt wurde, selbstständig gewerblich tätig zu sein. Der beschränkt Geschäftsfähige ist dann in der Lage, alle Rechtsgeschäfte abzuschließen, die der Geschäftsbetrieb als solcher mit sich bringt. Allerdings ist in diesem Zusammenhang *§ 112 Abs. 1 S. 2 BGB* zu beachten, wonach Rechtsgeschäfte ausgeschlossen sind, zu denen der gesetzliche Vertreter die Genehmigung des Familiengerichts benötigt. Diese genehmigungspflichtigen Rechtsgeschäfte sind in *§ 1643 BGB* geregelt, der wiederum auf die *§§ 1821, 1822 BGB* Bezug nimmt (bitte lesen!).

Beispiel: *Die Eltern erlauben ihrem 16-jährigen Sohn, eine Fahrradreparaturwerkstatt zu eröffnen. Der Sohn darf Reparaturwerkzeug und Materialien, die er für sein Geschäft benötigt, einkaufen.*

Dienst- oder Arbeitsverhältnis, § 113 BGB

Gemäß *§ 113 BGB* kann der gesetzliche Vertreter den Minderjährigen ermächtigen, in Dienst oder in Arbeit zu treten, d. h. unselbstständig als Arbeitnehmer tätig zu werden. Der beschränkt Geschäftsfähige wird damit für solche Rechtsgeschäfte unbeschränkt geschäftsfähig, die die Eingehung, Aufhebung oder Erfüllung des Arbeitsverhältnisses der gestatteten Art betreffen. Der Minderjährige kann im Zweifel sogar den Arbeitsvertrag kündigen und sich einen neuen Arbeitgeber suchen, wobei es sich um eine vergleichbare neue Arbeitsstelle handeln muss, während eine völlig andersartiges Beschäftigungsverhältnis einer erneuten Ermächtigung des gesetzlichen Vertreters bedarf. Eine Genehmigung des Familiengerichts ist – wie bei der Vorschrift des *§ 112 Abs. 1 S. 2 BGB* – bei solchen Rechtsgeschäften erforderlich, bei denen der gesetzliche Vertreter die Genehmigung des Familiengerichts einholen muss.

Beispiel: Die Eltern erlauben ihrer 16-jährigen Tochter T eine Ausbildung zur Einzelhandelskauffrau im Betrieb des B zu beginnen. Die Tochter darf folglich mit B einen Ausbildungsvertrag schließen und auch wieder kündigen, die Ausbildungsvergütung entgegennehmen oder ein Gehaltskonto einrichten lassen. Sollte die T nun einen neuen Berufswunsch hingegen als Friseurin hegen, benötigt sie für einen solchen Arbeits- bzw. Ausbildungsvertrag wiederum die Ermächtigung der Eltern.

4.2.5 Deliktsfähigkeit

Die Geschäftsfähigkeit *(§§ 104 ff. BGB)* ist von der Deliktsfähigkeit *(§ 828 BGB)* abzugrenzen. Während für das vertragliche Handeln die Geschäftsfähigkeit des Minderjährigen erforderlich ist, bezeichnet die Deliktsfähigkeit die Fähigkeit einer natürlichen Person, für eine begangene unerlaubte Handlung gem. *§§ 823 ff. BGB* verantwortlich zu sein und daher den von ihr verursachten Schaden ersetzen zu müssen.

Um sich nach *§ 823 BGB* (bitte lesen) schadensersatzpflichtig zu machen, muss neben einer rechtswidrigen Rechtsgutverletzung ein Verschulden des Schädigers gegeben sein. Bei Erwachsenen ist grundsätzlich von der Schuldfähigkeit, die in diesem Zusammenhang als Deliktsfähigkeit bezeichnet wird, auszugehen. Um zu wissen, dass man nicht das Auto des unliebsamen Nachbarn beschädigen darf, muss man nicht zwingend volljährig sein, allerdings kann bei Minderjährigen die Deliktsfähigkeit nicht von vorneherein bejaht werden.

Bei der **Deliktsfähigkeit von Minderjährigen** kommt es entscheidend auf die **Einsichtsfähigkeit** des Minderjährigen an. Für die deliktsrechtliche Haftung gilt Folgendes:

Gemäß *§ 828 Abs. 1 BGB* besitzen Minderjährige, die noch nicht sieben Jahre alt sind, keine Deliktsfähigkeit. Sie können daher für die von ihnen verursachten Schäden nicht haftbar gemacht werden.

Die Vorschrift des *§ 828 Abs. 3 BGB* regelt, dass ein beschränkt Geschäftsfähiger (7-17 Jahre) für die von ihm verursachten Schäden zur Verantwortung gezogen werden kann, wenn er die erforderliche Einsichtsfähigkeit besitzt. Es wird hierbei auf die geistige Entwicklung des Jugendlichen, d. h. seine konkrete intellektuelle Fähigkeit, abgestellt, das Unrecht seiner Handlung zu erkennen und zugleich die Verpflichtung zu erkennen, in irgendeiner Weise selbst für die Folgen der schädigenden Handlung einstehen zu müssen. Es ist hierbei ausreichend, wenn der Jugendliche ein allgemeines Verständnis besitzt, dass sein Verhalten geeignet ist, Gefahren herbeizuführen. Bei der Prüfung der Einsichtsfähigkeit müssen immer die besonderen Umstände des **Einzelfalles** wie z. B. das **Lebensalter** und die **geistige Reife** des jugendlichen Täters berücksichtigt werden. Auf Grund des Wortlautes des *§ 828 Abs. 3 BGB* gehen Zweifel bezüglich der konkreten Einsichtsfähigkeit zu Lasten des Jugendlichen, d. h. der Mangel der Einsichtsfähigkeit ist vom Jugendlichen selbst zu behaupten und zu beweisen.

In *§ 828 Abs. 2 BGB* ist eine Ausnahmeregelung zu *§ 828 Abs. 3 BGB* zu finden. Danach haften Kinder zwischen sieben und neun Jahren nicht für die von ihnen angerichteten Schäden im motorisierten Straßen- oder Bahnverkehr. Der Grund für dieses gesetzliche Haftungsprivileg ist in der Überforderungssituation der Sieben- bis Neunjährigen zu sehen, da Kinder Entfernungen und Geschwindigkeiten nur schwer einschätzen können und grundsätzlich erst ab der Vollendung des zehnten Lebensjahres fähig sind, die besonderen Gefahren des motorisierten Straßenverkehrs richtig zu beurteilen und sich dementsprechend zu verhalten. Diese Haftungsprivilegierung greift allerdings nicht, sofern das Kind vorsätzlich handelt.

Beispiel: Der neunjährige Malte wirft mutwillig Steine von einer Autobahnbrücke auf die darunter durchfahrenden Kfz, wodurch ein schwerer Verkehrsunfall verursacht wird. Da Malte hier vorsätzlich gehandelt hat, greift der Schutz des § 828 Abs. 2 BGB nicht, es ist vielmehr die Regelung des § 828 Abs. 3 BGB anzuwenden und auf Maltes konkrete Einsichtsfähigkeit abzustellen. Unter normalen Umständen ist in diesem Fall davon auszugehen, dass der Minderjährige die zur Erkenntnis seiner Verantwortlichkeit erforderliche Einsichtsfähigkeit besitzt und daher gemäß §§ 823 Abs. 1, 828 Abs. 2 BGB schadensersatzpflichtig ist.

4.2.6 HAFTUNG AUFSICHTSPFLICHTIGER PERSONEN

Inwiefern aufsichtspflichtige Personen, wie z. B. die Eltern des Kindes, für dessen verursachten Schaden haftbar gemacht werden können, ist in *§ 832 BGB* geregelt. Dem Aufsichtspflichtigen muss ein eigenes Verschulden (sog. Sorgfaltspflichtverletzung) im Bezug auf die Beaufsichtigung des Minderjährigen zur Last gelegt werden können. Das Maß der gebotenen Aufsicht bestimmt sich nach dem jeweiligen

Einzelfall, insbesondere nach Alter, Eigenart und Charakter des Kindes, nach der Vorhersehbarkeit des schädigenden Verhaltens und danach, was der Aufsichtsperson in seinen jeweiligen Verhältnissen zugemutet werden kann. Sofern sich bei Kindern schwere Verhaltensstörungen und aggressive Verhaltensweisen zeigen, bestehen gesteigerte Aufsichtspflichten.

Da Kinder allerdings auch Freiräume für ihre Entwicklung benötigen, besteht **keinesfalls** die Pflicht zur **Totalüberwachung** des Kindes! Trotz ordnungsgemäßer Beaufsichtigung kann es dennoch zu einem Fehlverhalten des Minderjährigen kommen. Der Gesetzgeber trägt diesem Umstand Rechnung, indem er in *§ 832 BGB* regelt, dass die aufsichtspflichtige Person für den vom Minderjährigen verursachten Schaden nicht haftet, wenn sie nachweist, dass sie ihrer Aufsichtspflicht genügt hat oder der Schaden auch bei korrekter Aufsichtsführung entstanden wäre (sog. Exkulpationsbeweis).

§ 832 Abs. 1 BGB regelt die **gesetzliche Aufsichtspflicht**. Eltern haben **automatisch** kraft Gesetzes die Aufsichtspflicht gegenüber ihren Kindern *(§§ 1626,1631 BGB)*. Zudem trifft eine solche gesetzliche Aufsichtspflicht u. a. den Vormund *(§§ 1793, 1800 BGB)*, den Betreuer *(§§ 1896 ff. BGB)* und den Ausbilder gegenüber dem minderjährigen Auszubildenden *(§§ 6,9 BBiG)*.

Die Aufsichtspflicht kann sich allerdings auch aus einem **Vertrag** ergeben und eine Haftung gemäß *§ 832 Abs. 2 BGB* begründen. Inhaltlich gelten hier die **gleichen Maßstäbe wie bei der gesetzlichen Aufsichtspflicht** nach *§ 832 Abs. 1 BGB*. Dies bedeutet, dass auch Einrichtungen der Jugendhilfe, Erzieher, Sozialpädagogen usw. für Schäden haftbar gemacht werden können, die aus einer Aufsichtspflichtverletzung resultieren, sofern sie nicht den Entlastungsbeweis führen können. Personen, die vertraglich die Aufsichtspflicht übernehmen, ist der Abschluss einer Berufshaftpflichtversicherung nahezulegen, um den Haftungsrisiken angemessen zu begegnen.

Die vom Minderjährigen geschädigte Person kann oft auf mehrere Haftende zurückgreifen, nämlich auf den minderjährigen Schädiger und auf die aufsichtspflichtige Person. Diese haften dann als sog. Gesamtschuldner nach *§ 840 BGB*.

	Geschäftsfähigkeit	Deliktsfähigkeit
Geburt bis 7. Lebensjahr	Geschäftsunfähigkeit, §§ 104,105 BGB	Deliktsunfähigkeit, § 828 Abs. 1 BGB

7.-18. Lebensjahr	Beschränkt geschäftsfähig, §§ 106-113 BGB
	
	Der Vertrag ist möglicherweise wirksam:
	
	Rechtlicher Vorteil für den Minderjährigen?
	
	Wenn ja:
	Willenserklärung ohne Einwilligung/Genehmigung wirksam
	
	Wenn nein:
	➢ Einwilligung bzw. Genehmigung notwendig, §§ 107, 108 BGB
	➢ **Beachte:** Bis zur Erteilung der Genehmigung ist der Vertrag schwebend unwirksam!
	➢ **Ausnahmen:**
	  • Taschengeld, § 110 BGB
	  • Selbstständiges Erwerbsgeschäft, § 112 BGB
	  • Dienst-/Arbeitsverhältnis, § 113BGB
	
	Beachte: In Zweifelsfällen geht der Minderjährigenschutz vor und es ist von einer Genehmigungspflicht auszugehen!
		Bedingte Deliktsfähigkeit, § 828 Abs. 3 BGB:
		
		Abhängig von der Einsichtsfähigkeit des Minderjährigen:
		➢ Alter
		➢ Schulbildung
		➢ Geistige Reife
		
		Beachte: Beweispflicht für die Nicht-Einsichtsfähigkeit liegt beim Minderjährigen!
		
		Ausnahme, § 828 Abs. 2 BGB:
		Zwischen 7-9 Jahren Deliktsunfähigkeit im Straßenverkehr bei Kfz o. ä., es sei denn, Kind hat vorsätzlich Schaden herbeigeführt
		
		--- 	
		
		Haftung des Aufsichtspflichtigen, § 832 BGB:
		Voraussetzungen:
		➢ Aufsichtspflicht durch Gesetz oder Vertrag
		➢ Widerrechtlich verursachter Schaden durch den Minderjährigen
		➢ Kein Schadenersatz, wenn Aufsichtspflicht genügt bzw. Schaden sowieso entstanden wäre
		Beachte: Beweislast dafür liegt beim Aufsichtspflichtigen!
		
		Grundsatz der Rechtsprechung: „Kinder kann man nicht anleinen"

ab 18. Lebensjahr	Volle Geschäftsfähigkeit	Volle Deliktsfähigkeit

Abbildung 6: Überblick zur Geschäfts- und Deliktsfähigkeit

Beispiel: Der acht Jahre alte K spielt mit Streichhölzern in der Scheune des B und verursacht ein Feuer, das er mit einer Schaufel zu löschen versucht. Dies gelingt ihm jedoch nicht, so dass die Scheune mitsamt dem Inventar abbrennt. K hat die Streichhölzer zuvor ohne Wissen seiner Eltern von einem Regal in der Speisekammer entnommen, wo die Eltern die Streichhölzer sichtbar und unverschlossen aufzubewahren pflegen.

In der Praxis haften Eltern oft für Brände, die durch Zündeln ihrer Kinder verursacht werden. Es gehört zur Pflicht der Eltern, Kinder sowohl über die Gefährlichkeit des Spielens mit Streichhölzern aufzuklären, als sie auch auf den unerlaubten Besitz von Streichhölzern hin zu kontrollieren. Zudem haben Eltern die Pflicht, ihren Kindern die Besitzerlangung von Zündmitteln zumindest im häuslichen Bereich wesentlich zu erschweren bzw. ganz zu unterbinden. Daher müssen Streichhölzer so aufbewahrt werden, dass Kinder sie nicht ohne Weiteres erreichen können. Da die Streichhölzer im Beispielsfall unverschlossen, sichtbar und für das Kind leicht zugänglich aufbewahrt wurden, haben die Eltern ihre Aufsichtspflicht gemäß § 832 Abs. 1 BGB verletzt. Zusätzlich haftet das achtjährige Kind gemäß §§ 823 Abs. 1, 828 Abs. 3 BGB für den verursachten Schaden, so dass zwischen den Eltern und dem Kind eine Gesamtschuldnerschaft gemäß § 840 BGB besteht.

4.3 ZUSTANDEKOMMEN VON VERTRÄGEN

Die Willenserklärung ist Grundbestandteil jedes Rechtsgeschäfts, das zumindest aus einer Willenserklärung besteht. Unter einer Willenserklärung versteht man eine private Willensäußerung, die auf die Herbeiführung einer Rechtsfolge gerichtet ist. Sofern für ein Rechtsgeschäft eine Willenserklärung ausreicht, spricht man von **einseitigen Rechtsgeschäften**, wie z. B. die Kündigung eines Mietvertrags, die Anfechtung oder der Widerruf einer Willenserklärung und die Testamentserrichtung.

Mehrseitige Rechtsgeschäfte bestehen hingegen aus Willenserklärungen mehrerer, mindestens aber zweier Personen. Der Vertrag ist ein mehrseitiges Rechtsgeschäft, da der Vertragsschluss die entsprechenden Willenserklärungen jeder Person erfordert, die vertraglich gebunden sein soll. In den *§§ 145 ff. BGB* finden sich Regelungen, nach denen Verträge abgeschlossen werden.

Ein Vertrag setzt mindestens zwei übereinstimmende Willenserklärungen voraus, nämlich Angebot und Annahme, wie z. B. der Kaufvertrag zwischen Käufer und Verkäufer einer Sache. Das BGB benutzt die alte Terminologie „Antrag", die jedoch gleichbedeutend ist mit dem zeitgemäßeren Begriff „Angebot".

Der zweite Titel im dritten Abschnitt des Allgemeinen Teils des *BGB (BGB-AT)*, der die *§§ 116 ff. BGB* beinhaltet, trägt zwar die Überschrift „Willenserklärung", allerdings beinhalten diese Vorschriften außer punktuellen Regelungen zur Willenserklärung weder eine gesetzliche Definition noch die konkreten Tatbestandsmerkmale.

Wie das Wort „Willenserklärung" bereits deutlich macht, besteht diese aus einem subjektiven („Wille") und einem objektiven Element („Erklärung"). Bei einer idealen, d. h. fehlerlosen, Willenserklärung muss sich das inhaltlich Geäußerte mit dem tatsächlichen Willen decken.

Als **objektive Tatbestandsvoraussetzung** der Willenserklärung muss eine nach außen wahrnehmbare Erklärung, eine bestimmte Rechtsfolge zu wollen, vorliegen. Der äußere (objektive) Tatbestand der Willenserklärung setzt sich dabei aus drei aufeinander aufbauenden Bestandteilen zusammen, nämlich Handlungswille, Rechtsbindungswille und Geschäftswille.

Für die Willenserklärung ist als **subjektive Tatbestandsvoraussetzung** erforderlich, dass die nach außen abgegebene Willenserklärung auch gewollt ist. Im Idealfall decken sich das äußerlich Erklärte mit dem innerlich Gewollten. Die subjektive Komponente der Willenserklärung besteht daher ebenfalls aus einem Handlungswillen, einem Rechtsbindungswillen (dieser wird auch als potentielles Erklärungsbewusstsein bezeichnet) und einem Geschäftswillen.

Unter dem **Handlungswillen** versteht man den Willen einer Person, überhaupt eine Handlung vorzunehmen. Der Handlungswille liegt nur dann nicht vor, sofern ein Verhalten nicht willensgesteuert ist.

Beispiel: Bei Reflexhandlungen, Äußerungen im Schlaf oder in Hypnose fehlt der Handlungswille.

Der **Rechtsbindungswille** ist der Wille, sich „irgendwie rechtsgeschäftlich" zu binden. Im Handel existieren unterschiedliche Werbe-
maßnahmen zur Verkaufsförderung in Form von „Sonderangeboten",
„Preisknüllern", „Angebote des Tages" usw., die sich an die Allgemeinheit richten. Darin ist allerdings kein verbindliches Angebot im
Sinne des BGB zu sehen, da einer solchen Erklärung der Rechtsbindungswille fehlt: Sofern darin ein verbindliches Angebot des Händ-
lers liegen würde – sofern ein Rechtsbindungswille vorliegen würde –,
könnte das Angebot von jedem angenommen werden mit der Konsequenz, dass es unter Umständen zu unzähligen Vertragsschlüssen
käme, ohne dass der Händler dies noch beeinflussen könnte. Sobald
seine Warenbestände aufgebraucht wären, könnte er die übrigen Käufer nicht beliefern und wäre Schadensersatzansprüchen seiner Kund-
schaft ausgeliefert. Es ist daher anerkannt, dass in solchen Fällen
kein Vertragsangebot vorliegt, sondern lediglich eine Aufforderung,
ein Angebot abzugeben (sog. invitatio ad offerendum).

Damit gibt der Kunde ein Vertragsangebot ab und dem Händler
steht es offen, dieses Angebot anzunehmen. Dies gilt im Übrigen
auch für den Kauf von Waren in Online-Shops im Internet.

Unter dem **Geschäftswillen** versteht man den Willen, ein ganz kon-
kretes Rechtsgeschäft abzuschließen.

Der Vollständigkeit halber sei erwähnt, dass das Schweigen grundsätzlich keine Willenserklärung darstellt, d. h. es ist weder eine Vertragsannahme noch eine Ablehnung.

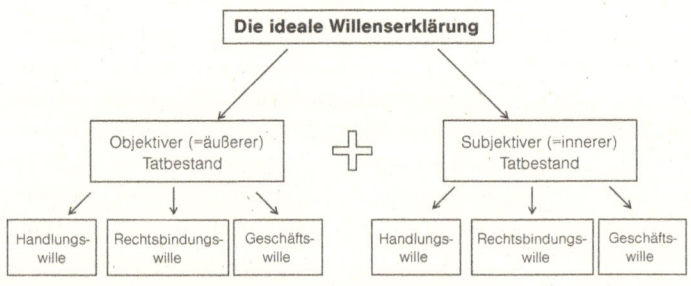

Abbildung 7: Bestandteile der idealen Willenserklärung

Das Wirksamwerden einer abgegebenen Willenserklärung hängt davon ab, ob es sich um eine nichtempfangsbedürftige oder empfangsbedürftige Willenserklärung handelt. Nichtempfangsbedürftig ist z. B. ein Testament *(§ 2064 BGB)*, das schon mit seiner Errichtung Wirksamkeit entfaltet *(§§ 2229 ff. BGB)*. Allerdings sind die meisten Willenserklärungen empfangsbedürftig, d. h. sie sind einer anderen Person gegenüber abzugeben. Empfangsbedürftige Willenserklärungen werden rechtlich existent durch ihre **Abgabe und Zugang.** Unter der Abgabe versteht man die willentliche Entäußerung der Willenserklärung in den Rechtsverkehr in der Art und Weise, dass diese dem Empfänger ohne ein weiteres Zutun des Erklärenden zugehen kann. D. h. der Wille muss an die Außenwelt treten, wobei dies entweder durch ein ausdrückliches oder konkludentes Verhalten geschehen kann. Ein konkludentes (schlüssiges) Verhalten, wie z. B. ein Nicken oder Handheben, kann nach den konkreten Umständen genügen. Bei der Abgabe der Willenserklärung kommt es auch immer auf den Adressaten der Willenserklärung, den sog. Erklärungsempfänger, an. Die Frage, ob ein bestimmtes Verhalten tatsächlich als eine Willenserklärung gesehen werden kann und wie diese inhaltlich zu verstehen (auszulegen) ist, muss von seinem Standpunkt aus beurteilt werden (sog. Empfängerhorizont).

Die abgegebene Willenserklärung muss dem Empfänger auch **zugehen.** Hierbei wird zwischen dem Zugang gegenüber Abwesenden *(§ 130 BGB)* und gegenüber Anwesenden unterschieden. Für den Zugang der Willenserklärung unter Anwesenden enthält das *BGB* keine Regelungen. Eine Erklärung gilt in diesem Fall dann als zugegangen, wenn der Empfänger sie akustisch verstanden hat und der Erklärende damit rechnen durfte, dass der Empfänger die Erklärung richtig verstanden hat. Hingegen gelten Willenserklärungen, die unter Abwesenden abgegeben werden, dann als zugegangen, wenn sie so in den Machtbereich des Empfängers gelangen, dass unter gewöhnlichen Umständen mit der Kenntnisnahme zu rechnen ist. So geht beispielsweise ein Brief bei Einwurf in den Briefkasten oder in das Postfach erst mit dem Zeitpunkt der gewöhnlichen Leerung, d. h. nicht sonn- oder feiertags bzw. nachts, zu.

4.4 ANFECHTUNG VON VERTRÄGEN

Meistens decken sich der innere und der äußere Tatbestand der Willenserklärung. Es wird allerdings problematisch, wenn der innere und der äußere Erklärungstatbestand auseinanderfallen. Dies bedeutet: der Erklärende setzt nicht genau das in die Tat um, was er sich vorgestellt hat, z. B. wenn nicht eindeutig ist, was genau der Erklärende gemeint hat bzw. wenn er sich verspricht oder verschreibt und ursprünglich etwas ganz anderes erklären wollte. Dann kommt es entscheidend darauf an, was ein normaler (objektiver) Dritter unter der Willenserklärung verstehen würde. Für die Willenserklärung ist also maßgeblich, was darunter objektiv zu verstehen ist (sog. **objektiver Empfängerhorizont**).

Damit derjenige, der irrtümlich eine Willenserklärung abgegeben hat, nicht unter allen Umständen an diese Erklärung vertraglich gebunden ist, gibt es die Möglichkeit der Anfechtung gem. *§§ 119 ff. BGB*. Die Anfechtung kommt bei fehlerhaften Willenserklärungen in Betracht, also immer dann, wenn der Wille von der Erklärung abweicht. Mit der wirksamen Anfechtung des Vertrages wird die fehlerhafte Willenserklärung rückwirkend vernichtet, gemäß *§ 142 BGB*. Eine wirksame Anfechtung kommt allerdings nur unter folgenden Voraussetzungen in Betracht:

4.4.1 ANFECHTUNGSGRÜNDE

Inhaltsirrtum

Bei dem Inhaltsirrtum weiß der Erklärende genau, was er gerade erklärt, allerdings misst er dieser Erklärung inhaltlich eine andere Bedeutung zu (*§ 119 Abs. 1 1. Alternative*).

Beispiel: *A bestellt in einer Kölner Gaststätte einen „halven Hahn" und stellt sich darunter ein halbes Brathähnchen vor, wobei dies tatsächlich in Köln ein halbes Käsebrötchen bedeutet.*

Erklärungsirrtum

Ein Erklärungsirrtum liegt vor, wenn der Erklärende etwas anderes (objektiv) erklärt, als er eigentlich (subjektiv) erklären wollte, indem er sich z. B. verspricht oder verschreibt *(§ 119 Abs. 1 2. Alternative BGB)*.

Beispiel: Anton will sein Auto für 4.000,- € verkaufen. Versehentlich schreibt er eine Null zu wenig in den Kaufvertrag. Der Käufer Bernd freut sich, als er auf dem Kaufvertrag nur 400,- € liest und unterschreibt sofort den Vertrag.

Eigenschaftsirrtum

Wenn sich der Erklärende über eine Eigenschaft einer Person oder Sache, die im Verkehr als wesentlich angesehen wird, irrt, so stellt dies einen Irrtum über eine verkehrswesentliche Eigenschaft gemäß *§ 119 Abs. 2 BGB* dar.

Beispiel: Irrtum über die Zahlungsfähigkeit bzw. Kreditwürdigkeit des Vertragspartners, Irrtum über Fahrleistung oder Herstellungsjahr eines Gebrauchtwagens.

Übermittlungsfehler

Wird eine Willenserklärung durch einen Boten irrtümlich falsch übermittelt, ist gemäß *§ 120 BGB* in gleicher Weise die Anfechtung möglich wie im Falle des *§ 119 BGB*. Als Erklärungsbote kommen insbesondere Personen wie z. B. Dolmetscher und Einrichtungen (wie z. B. die Telekom) in Betracht.

Beispiel: Anton will 12 Äpfel kaufen und weist seinen Boten Bernd B an, ein Duzend Äpfel auf dem Markt zu kaufen. B denkt allerdings irrtümlich, ein Dutzend seien 16 Äpfel und verlangt von der Marktfrau 16 Äpfel. Da B der Mengenangabe „Dutzend" inhaltlich eine falsche Bedeutung beimisst, unterliegt er einem Inhaltsirrtum gemäß § 119 Abs. 1 1. Alternative BGB. Über die Vorschrift des § 120 BGB kann Anton nun die Willenserklärung anfechten.

Täuschung oder Drohung

Arglistige Täuschung oder widerrechtliche Bedrohung des Erklärenden stellen gemäß *§ 123 BGB* ebenfalls Anfechtungsgründe dar.

Beispiel: Der Autohändler behauptet bei Vertragsschluss wahrheitswidrig, das Kfz habe eine Laufleistung von nur 25.000 km, obwohl er genau weiß, dass der Tacho manipuliert wurde und das Fahrzeug in Wahrheit wesentlich mehr als doppelt so viele Kilometer gefahren wurde.

4.4.2 Anfechtungserklärung

Die Anfechtung stellt ein sog. **Gestaltungsrecht** dar. Dies bedeutet, dass der Anfechtungsberechtigte bei Vorliegen eines Anfechtungsgrundes zwar die Möglichkeit der Anfechtung besitzt, davon allerdings nicht zwingend Gebrauch machen muss. Wenn der Anfechtungsberechtigte das Rechtsgeschäft anfechten möchte, dann muss nach *§ 143 BGB* eine Anfechtungserklärung abgegeben werden. Dabei muss er den Begriff der „Anfechtung" nicht wörtlich verwenden, es muss dem Anfechtungsgegner vielmehr deutlich gemacht werden, dass er sich von seiner abgegebenen fehlerhaften Willenserklärung lösen möchte.

4.4.3 Anfechtungsfristen

Die Anfechtung muss fristgemäß erklärt werden. Für die Anfechtungsgründe in *§§ 119* und *120 BGB* gilt die Frist des *§ 121 BGB*, d. h. die Anfechtung muss unverzüglich, nachdem dem Anfechtungsberechtigten der konkrete Anfechtungsgrund bekannt wird, erklärt werden. Sofern der Anfechtungsberechtigte gem. *§ 123 BGB* getäuscht oder bedroht wurde, gilt die wesentlich längere Anfechtungsfrist des *§ 124 BGB* von einem Jahr.

4.4.4 Ausschluss der Anfechtung

Zudem darf die Anfechtung nicht ausgeschlossen sein. Sie ist dann ausgeschlossen, wenn der Anfechtungsberechtigte nach *§ 144 BGB* das grundsätzlich anfechtbare Rechtsgeschäft bestätigt hat bzw. wenn die Zehnjahresfrist nach *§§ 121 Abs. 2, 124 Abs. 3 BGB* überschritten wurde.

4.4.5 Schadensersatz

Wenn eine Willenserklärung nun wirksam angefochten wurde und damit nichtig ist, kommt ein Schadensersatzanspruch des Anfechtungsgegners in Betracht, gem. *§ 122 BGB*. Der Anfechtende muss seinen gutgläubigen Vertragspartner so stellen, als wäre das fehlerhafte Rechtsgeschäft niemals zustande gekommen. Es müssen daher insbesondere die entstandenen Vertragsabschlusskosten wie z. B. Reisekosten, Porto und Telefonkosten, ersetzt werden. Dieser Schadensersatzanspruch greift, sofern die Willenserklärung wegen eines Irrtums – also in den Fällen der *§§ 119, 120 BGB* – angefochten wurde. Dieser Schadensersatzanspruch dient einem gerechten Interessenausgleich der Vertragspartner: Wenn sich jemand wegen eines eigenen Fehlers bzw. Irrtums von einem Rechtsgeschäft lösen darf, dann muss er dem Geschäftspartner dessen dadurch entstandenen Schaden ersetzen. Der Fall ist allerdings anders gelagert, sofern der Vertragspartner den Anfechtenden getäuscht bzw. bedroht hat, gem. *§ 123 BGB*. In diesem Fall ist der Anfechtende als Opfer zu sehen und der Vertragspartner – Anfechtungsgegner – nicht gutgläubig und nicht schutzwürdig, so dass ihm kein Schadensersatzanspruch zusteht.

4.5 Die Stellvertretung im Überblick

4.5.1 Allgemeines

Sowohl im privaten als auch im wirtschaftlichen Bereich sind natürliche Personen oft darauf angewiesen, Dritte für sich Verträge abschließen zu lassen oder diese zu beenden. Damit kommt der Stellvertretung eine sehr hohe praktische Bedeutung zu. Für natürliche Personen, denen es nicht möglich ist, sich selbst rechtsgeschäftlich zu binden, handeln deren gesetzliche Vertreter, wie z. B. Eltern für ihre Kinder *(§ 1629 BGB)*, der Vormund für das Mündel *(§ 1793 Abs. 1 BGB)*, der Betreuer für den zu Betreuenden *(§ 1896 BGB)*. Da juristische Personen zwar rechtsfähig, aber nicht handlungsfähig sind (vgl. hierzu oben unter Punkt 4.2), können sie selbst nicht handeln und müssen sich von deren satzungsgemäß bestellten Organen vertreten lassen, wie z. B. der Vorstand für den Verein *(§ 26 Abs. 2 BGB)*, der Geschäftsführer für die GmbH *(§ 35 GmbHG)*, der Vorstand für die AG *(§ 78 AktG)*. Von diesen Fällen der **gesetzlichen Stellvertretung** ist die **rechtsgeschäftliche Stellvertretung** zu unterscheiden, bei der sich das Vertretungsrecht nicht aus dem Gesetz selbst, sondern aus einer erteilten Vollmacht ergibt.

Die **rechtsgeschäftliche Stellvertretung** ist in den *§§ 164 ff. BGB* geregelt. Dabei schließt der Stellvertreter ein Rechtsgeschäft im Namen des Vertretenen und mit Wirkung für ihn ab *(§ 164 BGB)*. Es kommt damit ein Vertrag zwischen dem Vertretenen und dem Vertragspartner zustande. Den Vertretenen nennt man auch Geschäftsherr.

4.5.2 Voraussetzungen

Eine wirksame rechtsgeschäftliche Stellvertretung liegt bei folgenden Voraussetzungen vor *(§ 164 Abs. 1 BGB)*:

Eigene Willenserklärung

Der Stellvertreter muss eine **eigene Willenserklärung** abgeben. Hierbei ist es unerheblich, ob es sich um ein Vertragsangebot oder eine Vertragsannahme oder um ein einseitiges Rechtsgeschäft (wie z. B. die Anfechtung) handelt. Indem der Stellvertreter eine eigene Willenserklärung abgibt, unterscheidet er sich vom Boten, der als Sprachrohr des Geschäftsherrn lediglich für den Transport und Zugang einer fremden Willenserklärung verantwortlich ist. Im Gegensatz zum Stellvertreter besitzt der Bote im Hinblick auf den rechtsgeschäftlichen Inhalt der Willenserklärung keinerlei Einfluss und keinen Entscheidungsspielraum.

Handeln in fremdem Namen

Grundsätzlich muss der Stellvertreter in **fremdem Namen** – also im Namen des Vertretenen – handeln: sog. **Offenkundigkeitsprinzip** *(§ 164 Abs. 1 BGB)*. Hierbei ist es auch ausreichend, wenn sich aus den konkreten Umständen des Einzelfalles ergibt, dass der Stellvertreter für seinen Geschäftsherrn handelt oder dem Geschäftsherrn diese Tatsache – z. B. auf Grund langjähriger Vertragsbeziehungen – bereits bekannt ist. Verstößt der Stellvertreter gegen das Offenkundigkeitsprinzip, d. h. er legt die Stellvertretung dem Dritten nicht offen, dann kommt das Rechtsgeschäft direkt zwischen dem Stellvertreter und dem Dritten zustande.

Eine Ausnahme vom Offenkundigkeitsprinzip stellt das sog. „Geschäft für den, den es angeht" dar: Eine Offenlegung der Stellvertretung ist bei Geschäften des täglichen Lebens, die sofort bar bezahlt werden, nicht notwendig. Bei solchen Rechtsgeschäften ist es dem Vertragspartner egal, mit wem er den Vertrag abschließt.

Beispiel: Ferdinand kauft beim Einzelhändler E einen USB-Stick für 17,99 €, den er sofort bar bezahlt. F teilt E nicht mit, dass er den USB-Stick gar nicht für sich selbst, sondern für seine Freundin Amalie A kauft, die F gebeten hatte, für sie ein günstiges Speichermedium zu besorgen. E ist es letztlich egal, wer sein Vertragspartner wurde, denn die Ware wurde sofort bar bezahlt. Als „Geschäft für den, den es angeht" konnte F den Kaufvertrag über den USB-Stick mit Wirkung für A abschließen. Damit wurden E und A Vertragspartner.

Vertretungsmacht

Dem Stellvertreter muss eine Vollmacht für das Rechtsgeschäft vom Vertretenen erteilt worden sein *(§ 167 BGB)*.

Sofern der Stellvertreter ohne Vertretungsmacht handelt bzw. diese überschreitet, kann das zunächst schwebend unwirksame Rechtsgeschäft durch eine Genehmigung des Geschäftsherrn wirksam werden *(§§ 177, 178 BGB)*. Genehmigt der Geschäftsherr allerdings das Rechtsgeschäft nicht, so bleibt es unwirksam und der vollmachtlose Stellvertreter haftet gegenüber dem Geschäftspartner nach den Regeln des *§ 179 BGB*.

Kein Ausschluss der Stellvertretung

Bei höchstpersönlich vorzunehmenden Rechtsgeschäften ist eine Stellvertretung gesetzlich ausgeschlossen und folglich nicht zulässig, wie z. B. Eheschließung *(§ 1311 BGB)*, Testamentserrichtung *(§ 2064 BGB)*, Abschluss eines Erbvertrags *(§ 2274 BGB)*.

Unzulässig sind zudem die sog. Insichgeschäfte gemäß *§ 181 BGB*, wonach ein Stellvertreter auf beiden Vertragsseiten tätig wird und es daher zwangsläufig zu Interessenkollisionen und Schädigung des Geschäftsherrn kommt.

Nachdem Sie nun Grundkenntnisse zur Systematik unserer Rechtsordnung, dem Verfassungsrecht sowie dem Vertragsrecht mit seinen zivilrechtlichen Grundlagen erworben haben, konzentrieren wir uns im Folgenden auf die rechtlichen Regelungen rund um den Klienten in seinem familiären Umfeld.

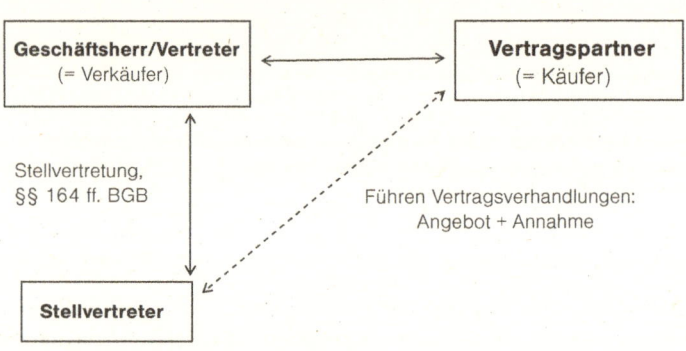

Abbildung 8: Stellvertretung im Überblick

5. Rechtsumfeld des Klienten – Familie

5.1 Familie allgemein

Um Rechtsprobleme begreifen und anwenden zu können, müssen stets die Begriffe und ihre Bedeutung genau betrachtet und gedanklich durchdrungen werden. Es geht bei Rechtsfragen zum Thema Familie demnach zum einen ganz allgemein um die Anwendung von Recht und es geht um die Familie. Was Recht im Allgemeinen beinhaltet, was es bedeutet und wie es angewendet wird, wurde bereits dargelegt. Für den Zusammenhang von Recht und Familie bleibt folglich die Frage: Was genau ist eigentlich mit **Familie** gemeint? Wer ist meine Familie? Sind das mein Mann und meine Kinder? Meine Eltern? Mein Bruder und meine Schwester? Meine Großeltern und wer noch? Die Eine ist bei ihrer Mutter und ihrem Stiefvater aufgewachsen, das war für sie und ist auch heute noch „ihre Familie". Der Andere war möglicherweise am Wochenende ab und zu bei seinem wirklichen, leiblichen Vater, der mit seiner neuen Lebensgefährtin zusammenlebt. Diese beiden sind für ihn ebenso „Familie" wie seine Mutter mit seinem Stiefvater. Lässt sich Familie wirklich konkret eingrenzen oder meint nicht eher jeder etwas anderes, wenn er von seiner Familie spricht? Die Eine sieht als Familie nur ihre kleine Lebenseinheit an, ihren Freund, mit dem sie zusammenlebt, und die gemeinsame Tochter. Zu ihren Eltern hat sie keinerlei Kontakte. Für den Anderen gehören alle dazu, auch Tante, Onkel und Cousinen sowie die Ehefrau des Vaters und die Eltern der Schwiegertochter. Es gibt demnach in unserer heutigen Lebenswirklichkeit viele Lebensformen und Vorstellungen von dem, was Familie ist.

Wir kennen als sogenannte Normalfamilie die Kernfamilie – Vater, Mutter, Kind – und es gibt die Ein-Eltern-Familie, also die Alleinerziehenden, die Stieffamilie als sogenannte Fortsetzungsfamilie, wenn eine allein erziehende Person mit einem neuen Partner zusammenlebt und zusätzlich vielleicht auch noch mit dessen Kindern. Die Patchwork-Familie ist ein Sonderfall der Stieffamilie. Das neue Paar hat zusätzlich gemeinsame Kinder. Nicht vergessen dürfen wir die homosexuellen Paare mit Kindern, die aus einer heterogeschlechtlichen Beziehung einer der beiden Partner entstammen.

Diese verschiedenen Formen von Familien und das gesamte soziale Gebilde Familie lassen sich nicht in eine einheitliche Definition zwängen. Die Vorstellung von dem, was Familie wirklich ausmacht, von dem, was Familie als Kern des menschlichen Zusammenlebens bedeutet, diese Vorstellung war im Laufe der Jahrhunderte immer einem stetigen gesellschaftlichen, weltanschaulichen und wertemäßigen Wandel unterworfen.

Die meisten Menschen stellen sich unter Familie nach wie vor die dauerhafte Lebensgemeinschaft einer Mutter und eines Vaters mit ihrem Kind vor. Vor dem Hintergrund dieser Lebensform wurde im Jahr 1949 der Grundrechtsartikel *Art. 6 GG (Grundgesetz)* zum Schutz von Ehe und Familie geschaffen. Die Familie wird also in unserer Verfassung als zuoberst zu schützendes Rechtsgut benannt.

Mit dem Grundgesetz wird Vieles geschützt: Verschiedene Werte wie Würde, Freiheit, Gleichheit, gesellschaftliche Einrichtungen, Rechtsinstitute, wie z. B. das Eigentum. Der Einzelne darf Dinge auf die Weise besitzen, dass er mit ihnen machen darf, was er will. Das Erbrecht wird dadurch ebenfalls geschützt. Es beinhaltet das Recht, nach dem Tod Güter an einen anderen Menschen weiterzugeben.

Unsere Verfassung schützt gleichermaßen auch die **Ehe und die Familie**. Und: So wie das Eigentumsrecht nicht vor Dieben schützen kann und das Erbrecht nicht vor Enterbung, garantiert der Schutz der Ehe ebenso nicht, von einer Scheidung verschont zu bleiben. Der Schutz der Menschenwürde verhindert nicht, dass Menschen sich unwürdig benehmen und an die Grenzen der Freiheit stoßen, wie beispielsweise täglich immer wieder im Straßenverkehr.

Wozu ist also der Schutz durch das Grundgesetz nützlich? Es geht bei den Grundrechten nach *Art. 1-19 GG* um Abwehrrechte des Einzelnen gegenüber dem Staat und seinen Institutionen. Die Rechte der Bürger untereinander regelt das Bürgerliche Recht, wir nennen es im allgemeinen das Privatrecht. Die wesentlichen Bestimmungen dazu sind im Bürgerlichen Gesetzbuch niedergelegt (BGB), das bereits im Einzelnen vorgestellt wurde *(vgl. Punkt 4.1)*. Der Staat muss den Einzelnen vor bestimmten Eingriffen durch Andere schützen: Er schützt also das Eigentum vor Dieben mit den Regelungen des Strafrechts oder durch die Polizei. Der Staat darf auch das Erbe nicht einfach einziehen, Erbrecht ist Teil des Privatrechts. Der Staat darf nicht beliebig die Freiheit des Einzelnen einschränken. Eine Ausnahme davon ist beispielsweise eine Inhaftierung, denn auch sie dient der Ermöglichung des Miteinander-Leben-Könnens in der Gesellschaft.

In *Art. 6 GG* geht es um Ehe und Familie. Hier bedeutet der Schutz durch das Grundgesetz: der Staat darf nicht vorschreiben, dass wir heiraten und wen wir auswählen sollen. In unsere Familien darf er nur ausnahmsweise eingreifen, nämlich nur unter den Bedingungen, die in *Art. 6 Abs. 1-5 GG* genau beschrieben werden.

Schutz der Familie im Grundgesetz

- Art. 6 Abs. 1   →   Ehe und Familie
- Art. 6 Abs. 2 u. 3   →   Elternrecht
- Art. 6 Abs. 4   →   Mutterschutz
- Art. 6. Abs. 5   →   Gleichheitsrecht der unehelichen Kinder

---

Abbildung 9: Familie im Grundgesetz

Um das im Einzelnen zu verstehen, müssen wir uns *Art. 6 GG* sehr genau anschauen und bei jedem Wort überlegen, was es im Einzelnen bedeuten kann. Wichtig ist es dabei – wie in allen Rechtsfeldern – denklogisch und lebenspraktisch zugleich zu versuchen, den Inhalt von *Art. 6 GG* zu begreifen und herauszufinden, was damit gemeint sein kann.

5.2 FAMILIE UND STAAT

Wir richten unseren Blick zunächst auf *Art. 6 Abs. 1 GG*. Er lautet genau: *„Ehe und Familie stehen unter dem besonderen Schutz der staatlichen Ordnung"*.

5.2.1 EHE UND FAMILIE IM GRUNDGESETZ

Zwei Dinge fallen hier auf: Es werden zwei grundlegende Begriffe genannt. Die **Ehe** steht an erster Stelle und erst danach, an zweiter Stelle, wird die Familie genannt. Beide Begriffe sind unabhängig voneinander und sie werden zudem als zwei unterschiedliche Bereiche aufzählend mit dem Wort „und" verbunden. Daraus lässt sich folgern: Ein verheiratetes Paar ist zwar ein Ehepaar, sie beide allein sind aber noch keine Familie. Warum sonst würde die Familie als ein „aliud", als etwas anderes, in diesem Grundrecht ausdrücklich erst nach der Ehe aufgezählt? Das bedeutet, ein Ehepaar benötigt, um auch Familie zu sein oder zur Familie zu werden, weitere Familienmitglieder. Dies können gemeinsame Kinder sein oder die Menschen, die mit ihnen in ihrer dann sich zur Familiengemeinschaft entwickelnden Lebensgemeinschaft leben, z. B. ihre Eltern oder ihre Geschwister usw. Die Familie wird damit – wie sehr bald nach dem Inkrafttreten des Grundgesetzes vom Bundesverfassungsgericht festgehalten – als ein *Phänomen in einer sich wandelnden Gesellschaft in jeweils anderer, neuer, sich weiter entwickelnden Erscheinungsform* akzeptiert. Diese inhaltliche Offenheit gibt die Freiheit, den Begriff Familie in einzelnen gesetzlichen Bestimmungen unterschiedlich auszulegen. Der Begriff **Familie** wird danach weder im Grundgesetz noch in anderen gesetzlichen Regelungen extra definiert.

Das im Grundgesetz formulierte Beziehungssystem zwischen Ehe und Familie verdeutlicht, dass der Verfassungsgeber grundsätzlich davon ausging, dass zunächst eine Eheschließung erfolgt und dass als zweiter Schritt die Familie folgt. Damit wird die Ehe zur Grundlage für die Gründung einer Familie gemacht. Entstehen in dieser Ehebeziehung Kinder, so wird diese neue Gemeinschaft zur Familie und wir sprechen dann von der sogenannten Kernfamilie. Für das Bestehen einer Familie wird also von mindestens zwei Generationen ausgegangen.

Die nächste Frage, die sich mit Blick auf den Inhalt von *Art. 6 Abs. 1 GG* stellt, lautet: was ist gemeint mit dem hier formulierten *„besonderen Schutz der staatlichen Ordnung"* für Ehe und Familie?

Die staatliche Ordnung, gemeint ist der Staat, schützt mit seinen rechtsstaatlichen Möglichkeiten, mit seinen gesetzlichen Regelungen beide Bereiche. Der Staat schützt den privaten Bereich von Ehe und Familie nach außen. Er bietet außerdem seinen Schutz an, damit Ehe und Familie erhalten bleiben. Man spricht in diesem Zusammenhang von einem Abwehrrecht des Einzelnen und von der Institutsgarantie, also von einem Verbot der Benachteiligung und damit verbunden von einem Gebot der Förderung für Ehe und Familie.

Diese Grundüberlegungen verdeutlichen, dass familienrechtliche gesetzliche Regelungen, die dem Schutz von Ehe und Familie dienen, in einer Vielzahl sehr unterschiedlicher Gesetze niedergelegt sein müssen.

5.2.2 Gesetze zum Schutz von Ehe und Familie

Nachfolgend werden als Hilfestellung für weitere Überlegungen und Gedankenführungen die wesentlichen Gesetze aus dem Umfeld von familienrechtlichen Fragen aufgeführt. Der Mitarbeiter in einem sozialen Beruf kann und muss sich nicht in allen Rechtsfragen auskennen: Er muss aber wissen, welches die grundlegenden Rechtsregelungen sind, in welche Rechtsbereich sie einzuordnen sind und wo er die Antworten auf seine Rechts-Fragen finden kann.

Die **einzelnen Gesetze** sind in unterschiedlichen Ebenen entweder dem Privatrecht oder dem Öffentlichen Recht zuzuordnen. Es kommt also darauf an, ob das Thema eine Problemstellung zwischen zwei gleichgeordneten Parteien betrifft oder ob es letztlich um staatliches, öffentliches Handeln geht.

Das *Bürgerliche* Gesetzbuch *(BGB)* ist das grundlegende Gesetz für familienrechtliche Fragen. In den §§ 1297-1921 ist der Hauptkern des Familienrechts verankert. Die Beziehungen der Bürger untereinander, hier die der einzelnen Familienmitglieder, werden durch die Bestimmungen des *BGB* in eine rechtliche Ordnung eingebunden. In den genannten familienrechtlichen Paragrafen geht es um die Ehe, um Kinder und Jugendliche, um Alte und Kranke, also um Familienmitglieder. Für das Zusammenleben in Ehe und Familie werden rechtliche Rahmen gesetzt und Regelungen für Problemsituationen vorgesehen.

Ebenfalls zum *Privatrecht* gehört das *Einführungsgesetz zum Bürgerlichen Gesetzbuch (EGBGB)*. Zu nennen sind in diesem Zusammenhang insbesondere die *Artt. 13 ff.* über die Ehe und die *Artt. 223 ff.* in Bezug auf die Kinder. Dieses oft unbeachtete Gesetz wird aktuell immer relevanter. Es bezieht sich auf Ehe- und Familienbeziehungen, in denen einer der Beteiligten nicht den entsprechenden Regelungen der Bundesrepublik Deutschland unterstellt ist oder in denen die Beteiligten einzelne Rechtshandlungen, wie z. B. die Eheschließung im Ausland, vorgenommen haben. In den genannten Artikeln wird detailliert bestimmt, ob unsere inländischen Gesetze oder ob die entsprechenden Gesetze der anderen betroffenen Länder Anwendung finden. So enthält z. B. *Art. 13 EGBGB* der Hinweis, dass die Voraussetzungen der Eheschließung für jeden der beiden Partner entsprechend dem Recht seines Heimatlandes gelten oder dass eine Ehe im Inland nur in der hier vorgeschriebenen Form geschlossen werden kann. Dazu gibt es dann wiederum in vielen Details Ausnahmen, die im Zweifel auf das Rechtssystem des jeweils ausländischen Staates verweisen.

Für alle familienrechtlichen Fragen, die in irgendeiner Weise mit Auslandsbeziehungen zu tun haben, sind zusätzlich **Gesetze** und **Übereinkommen auf europäischer und auf internationaler Ebene** zu nennen.

Die wichtigsten davon sind:

- *UN-Kinderrechtskonvention – **UN-KRK** (1992)*
- *UN-Behindertenkonvention – **UN-BRK** (2006)*
- *EU-Konvention zum Schutz der Menschenrechte und Grundfreiheiten – **EU-MRK** (2010/1013)*
- *Charta der Grundrechte der Europäischen Union – **EU GR-Charta** (2007)*
- *Haager Minderjährigen Schutzabkommen* über die Zuständigkeit der Behörden und das anzuwendende Recht auf dem Gebiet des Schutzes von Minderjährigen (1961) *Haager Übereinkommen* über die zivilrechtlichen Aspekte der internationalen Kindesentführung (1980) *Auslandsunterhaltsgesetz* (2011)
- *Kinderschutzübereinkommen* (2011)

Dieses sind nur einige Regelungen aus dem internationalen Rechtsbereich. Angesichts der wachsenden Internationalisierung und Integrationsoffenheit werden diese Themenfelder täglich relevanter.

Neben dem *BGB* finden sich auch auf nationaler Ebene weitere **Gesetze mit familienrechtlichen Inhalten** sowohl im privaten wie im öffentlichen Recht. Es geht dabei immer um staatliches Handeln für Familien, um Hilfen und um Leistungsangebote.

- Im achten Buch des Sozialgesetzbuches – *SGB VIII* (2012/2019) – geht es um Handlungsmöglichkeiten des Jugendamts und von privaten Trägern für einzelne Familienmitglieder und für die Familie insgesamt.
- Das *Gesetz zur Kooperation und Information im Kinderschutz – KKG* (2011) – enthält konkrete Handlungszuständigkeiten, um den Schutz von Kindern besser zu gewährleisten.
- Das *Jugendschutzgesetz – JuSchG* (2002/2017) – soll Kinder und Jugendliche in der Öffentlichkeit vor schädlichen Einflüssen schützen.
- Das *Unterhaltsvorschussgesetz – UhVorschG* (2007) – dient der Sicherung des Unterhalts von Kindern alleinstehender Mütter und Väter.
- Die *Düsseldorfer Tabelle* (2019) regelt jährlich neu die generellen Unterhaltsleistungen an Kinder, wenn deren Eltern zusammenleben.

- Das *Gewaltschutzgesetz – GewSchG* (2001/2017) – ermöglicht es unter anderem dem gewalttätigen Ehepartner ein Hausverbot zu erteilen.
- *Gesetz zur Einrichtung und zum Betrieb eines bundesweiten Hilfe-telefons „Gewalt gegen Frauen" HilfetelefonG (2012)*
- Das *Gesetz über die religiöse Kindererziehung – RelKErzG* (1921/2008) – enthält Vorschriften, ab welchem Lebensjahr ein Kind über seine Religionszugehörigkeit selber entscheiden kann.
- Das *Adoptionsvermittlungsgesetz – AdVermG* (2001/2019) – legt im Einzelnen fest, wie die Jugendämter eine Adoption durchführen.

Zu nennen sind auch:
- *Bundeskindergeldgesetz – BKKG* (2009)
- *Bundeselterngeld- und Elternzeitgesetz – BEEG* (2010).
- Die finanziellen Leistungen im *SGB XII – Sozialhilfe (2003/2019)* und im *Einkommenssteuergesetz – EStG* (2009/2019)
- *Gesetz über die Familienpflegezeit – FPfZG (20011/2014)*
- *Gesetz zum Schutz von Müttern bei der Arbeit und in der Ausbildung Mutterschutzgesetz – MuSchG* (2017)
- *Gesetz zur Verhinderung und Bewältigung von Schwangerschaften, Schwangerschaftskonfliktgesetz – SchkG* (1992/2019)
- *Allgemeines Gleichbehandlungsgesetz – AGG* (2006/2013)
- *Personenstandsgesetz – PStG* (2007)
- *Transsexuellengesetz – TSG* (1981/2017)

Spezielle Gesetze legen außerdem fest, wie ein **gerichtliches Verfahren** abläuft. Für den familienrechtlichen Bereich sind dabei wichtig:
- Gesetz über das Verfahren in Familiensachen und in den Angelegenheiten der freiwilligen Gerichtsbarkeit – *FamFG (2008)*
- Zivilprozessordnung – *ZPO (2005/2019)*
- *Gerichtsverfassungsgesetz – GVG (1075/2019)*

5.2.3 Elternrecht als Grundrecht

Die Einzelheiten zur Rechtsstellung der Eltern formuliert der Verfassungsgeber in *Art. 6 Abs. 1 bis 3 GG.*

Darin wird festgehalten, was unter dem **Elternrecht** zu verstehen ist.

Art. 6 Abs. 2 S. 1 GG lautet: *„Pflege und Erziehung der Kinder sind das natürliche Recht der Eltern und die zuvörderst ihnen obliegende Pflicht".*

Der Verfassungsgeber verdeutlicht in der für die damalige Zeit üblichen Formulierung (Entstehung des Grundgesetzes im Jahr 1949), für unser heutiges Sprachverständnis aber etwas unverständlich alt klingend, die Rechtsposition von Eltern gegenüber ihren Kindern:

Eltern stehen in einer natürlichen, selbstverständlichen Beziehung zu ihren Kindern, die aber letztlich auch eine Rechtsbeziehung beinhaltet. Sie alleine sind eigenständig für ihre Kinder zuständig. Sie tragen die Verantwortung für die Entwicklung oder wie in *Art. 6 Abs. 1 S. 1 GG* formuliert, für deren „Pflege und Erziehung". Das Recht der Eltern, ihre Eigenverantwortung, ist für den Verfassungsgeber das Wichtigste. Dieses Elternrecht steht somit an erster Stelle der Beschreibung dessen, was Elternschaft rechtlich beinhaltet. Die Verfassung nennt die mit diesem Recht korrespondierende Pflicht erst an zweiter Stelle, in *Art. 6 Abs. 2 S. 1, 2. Hlbs. GG.* Neben dem Recht der Eltern steht ihre Pflicht. Von den Eltern wird mit dieser grundrechtlichen Normierung ein pflichtgebundenes, pflichtbewusstes Verhalten ihren Kindern gegenüber eingefordert. Es wird ausdrücklich festlegt, dass die Eltern zu „Pflege und Erziehung" ihrer Kinder verpflichtet sind. Sie müssen ihre Kinder erziehen, pflegen und was sonst zu einer guten Entwicklung der Kinder gehört. Die Eltern werden dazu ausdrücklich verpflichtet und zwar „zuvorderst", das bedeutet vor allem anderen, also vor jeder staatlichen Einflussnahme. Eltern können, dürfen ihre Kinder nicht einfach anderen überlassen. Nur sie selbst tragen die Verantwortung für ihre eigenen Kinder.

Die Konkretisierung dieser grundrechtlichen Positionierung des Elternrechts erfolgt im *BGB* mit den detaillierten Bestimmungen über die elterliche Sorge *(Buch 4, Abschn. 2 Titel 5).* Die genaue Definition was elterliche Sorge bedeutet, findet sich in *§ 1626 BGB*, dem Kernparagrafen für das Verhältnis der Eltern zu ihren Kindern. *§ 1626 Abs. 1 S. 1 BGB* ist fast wortgleich wie *Art. 6 Abs. 2 S. 1 GG* formuliert.

§ 1626 Abs. 1 S. 1 BGB lautet: „Die Eltern haben die Pflicht und das Recht für das minderjährige Kind zu sorgen (elterliche Sorge)". Allerdings ist diese Formulierung nur fast wortgleich mit dem Grundgesetz: Wenn man beide Teilsätze – *Art. 6 Abs. 2 S. 1, 1. Hlbs. GG und § 1626 Abs. 1 S. 1, 1. Hlbs. BGB* – übereinanderlegt, fällt ins Auge, dass im Grundgesetz zunächst das **„Recht" der Eltern** und danach erst die **„Pflicht"** genannt wird. Anders das Bürgerliche Gesetzbuch: In *§ 1626* kommt die „Pflicht" der Eltern an erster Stelle. Also: Die Eltern haben in erster Linie eine Verpflichtung gegenüber ihren Kindern. In seiner ursprünglichen Fassung war *§ 1626 Abs. 1 BGB* so formuliert wie das Grundgesetz: Das „Recht" der Eltern wurde ausdrücklich an die erste Stelle vor die „Pflicht" der Eltern ihrem Kind gegenüber gestellt.

Im Zuge der sog. Großen Kindschaftsrechtsreform im Jahre 1998 wurde in *§ 1626 Abs. 1 BGB* die Reihenfolge dieser Begriffe ebenfalls verändert.

Seitdem steht die „Pflicht" der Eltern ihren Kindern gegenüber vor ihrem „Recht" auf Erziehung. Hier drängt sich die Frage auf: Warum kommt der Gesetzgeber auf die Idee, einen Paragrafen in derartigen Nuancen zu verändern? Mit der Veränderung wurde direkt erkennbar nichts Inhaltliches verändert. Dafür wurden durch die veränderte Reihenfolge der Begriffe mittelbar Akzente gesetzt bzw. die Akzente verschoben. Was soll damit erreicht werden?

Dieses Beispiel macht deutlich, wie genau Gesetze formuliert werden, wie exakt sie gelesen werden müssen. Es kommt auf jedes einzelne Wort, auf jede Satzstellung und auf die damit jeweils erzeugte Positionierung an. Jede gesetzliche Bestimmung, jeder Paragraf erfordert eine genaue gedankliche Durchdringung, die passgerechte richtige Auslegung. *§ 1626 BGB* in Verbindung mit *Art. 6 GG* ist ein für alle Rechtsbereiche und ganz besonders für das Familienrecht typisches Beispiel.

Familienrechtliche Normen beinhalten zwangsläufig nicht nur unmittelbare Rechtsregelungen oder Rechtsansprüche. Rechtsbestimmungen in Bezug auf die Familie haben immer mit besonderen menschlichen Beziehungsverhältnissen und Beziehungssystemen zu tun. Es ist problematischer persönliche Beziehungsebenen in das allgemeine Rechtsgefüge einzupassen als sonstige Lebensverhältnisse.

Auch bei Fragen von Kaufverträgen, Mietverhältnissen, strafrechtlich relevanten Verhaltensweisen, also bei allgemeinen Problemfeldern ist jeweils der Einzelne in einer besonderen Betroffenheitssituation. Bei Fragenkomplexen, die die Familienbeziehungen betreffen, z. B. „zu welchem Elternteil gehört ein Kind bei Trennung seiner Eltern" oder „wann darf eine Ehe geschieden werden", geht es neben der Betroffenheit zusätzlich um emotionale Hintergründe. Das Verhältnis der Familienmitglieder ist üblicherweise geprägt von Vertrauen und Solidarität zueinander. Insofern entzieht sich Familie auch in Situationen, in denen es nicht nur gut läuft, dem Befehls- und Steuerungsmechanismus einer gesetzlichen Regelung. Letztlich kann der Gesetzgeber nur versuchen, Vorschriften zu formulieren, die der typischen Lebenssituation einer breiten Mehrheit entsprechen. Er tut sich dabei zwangsläufig schwer, alles im Detail festzulegen, zu verordnen. Das bedeutet: das Familienrecht enthält in vielen Passagen Leitgedanken. Die Wertevorstellungen, die sich in einer sich ständig weiterentwickelnden Gesellschaft verändern, werden mit den jeweiligen familienrechtlichen Bestimmungen angepasst, also modernisiert.

In Bezug auf § 1626 BGB bedeutet dies, dass der Gesetzgeber es Ende der 1990er Jahre für notwendig erachtete, eine Anpassung an die tatsächliche gesellschaftliche Entwicklung vorzunehmen und die Pflichtposition von Eltern ausdrücklich vor ihr natürliches Recht zu stellen. Der mahnende Zeigefinger wird damit erhoben: „Eltern, fordert nicht nur eure Rechte ein, sondern denkt vor allem erst einmal an eure Pflichten! Ihr entscheidet euch, Kinder zu zeugen und zur Welt zu bringen, es sind eure Kinder, nicht die Kinder der Allgemeinheit, des Staates. Ihr tragt vor allen anderen die damit verbundenen Pflichten!"

Die **Auswirkungen** dieses „**Pflichten-Hinweises**", immer verbunden mit der gleichzeitigen Rechtsposition der Eltern, finden sich in weiteren Einzelheiten der gesetzlichen Regelungen zur elterlichen Sorge (§§ 1626 ff. BGB) und in vielfältigen dazu ergangenen gerichtlichen Entscheidungen.

Auszug aus Urteil des Bundesverfassungsgerichts

- Art. 6 Abs. 2 Satz 1 GG garantiert den Eltern das Recht auf Pflege und Erziehung ihrer Kinder. Sie können grundsätzlich frei von staatlichem Einfluss nach eigenen Vorstellungen darüber entscheiden, wie sie ihrer Elternverantwortung gerecht werden wollen.

- Ziel, Inhalt und Methoden der elterlichen Erziehung liegen im Verantwortungsbereich der Eltern. Konkrete Erziehungsziele sind ihnen von Verfassungswegen nicht vorgegeben.

- Art. 6 Abs. 2 GG schützt die Eltern damit vor staatlichen Eingriffen bei der Ausübung ihres Erziehungsrechts und verbindet dies mit der Verpflichtung, das Wohl des Kindes zur obersten Richtschnur der Erziehung zu machen.

Abbildung 10: BVerfGE zum Elternrecht

Art. 6 GG stellt die Familie als besondere Institution unter staatlichen Schutz. Das bedeutet, der Staat soll die Familie einerseits vor Benachteiligungen schützen und er soll sie zudem in ihrer Entwicklung fördern. Erst dann, wenn Eltern ihren Pflichten nicht nachkommen, ist der Staat befugt sein sogenanntes **Wächteramt** *(Art. 6 Abs. 2 S. 2 GG)* auszuüben. Das kann dann bedeuten, dass der Staat als die **„staatliche Gemeinschaft"** durch die von ihm dafür vorgesehenen Institutionen – also das Familiengericht, das Jugendamt – in die Rechte der Eltern eingreifen darf, obwohl diese Rechte der Eltern bereits grundrechtlich in *Art. 6 Abs. 2 S. 1 GG* verankert sind und ihnen damit zugesichert sind. Auf welche Art und Weise staatliche Institutionen handeln dürfen, unter welchen Voraussetzungen und wann, wird vor allem im *BGB* und im *SGB VIII* genau festgelegt.

Bei möglichen **Fehlentwicklungen in der Familie** geht es vorrangig um Hilfeangebote einmal für die Kinder, aber auch für die Eltern. Gemeint sind die sogenannten Hilfen zur Erziehung, wie sie im *SGB VIII* aufgelistet sind (z. B. Erziehungsbeistand, sozialpädagogische Familienhilfe, Unterbringung in einer Pflegefamilie oder in einem Heim, *§§ 27 ff SGB VIII.*

Anders als häufig angenommen, nämlich tatsächlich nur in ca. 2 % der Fälle erfolgt eine Trennung des Kindes von der Familie gegen den

Willen der Eltern nur in extremen Ausnahmefällen und dann auf der Basis einer Entscheidung des Familiengerichts. Denn eine derartige Entscheidung greift das grundsätzlich garantierte Elternrecht nicht nur an, sondern es greift in dieses Elternrecht ein. Mit einem solchen Vorgehen wird das Grundrecht der Eltern, ihre Rechtsposition gegenüber dem Kind, total außer Kraft gesetzt. Die gesetzliche Grundlage hierfür findet sich in den *§§ 1666 ff. BGB*. Die Grundparagrafen *§ 1666* und *§ 1666a BGB* wurden in den vergangenen Jahren wegen vielfältiger immer wieder auftretender Missstände wesentlich erweitert und ausdifferenziert. Damit soll mit Blick auf die verschiedenen problematischen Lebenssituationen innerhalb einer Familie eine möglichst sachgerechte Antwort und ein breiter Handlungsansatz ermöglicht werden.

Der Kernsatz in *§ 1666 Abs. 1 BGB* geht von zwei Voraussetzungen aus: Das (körperliche, geistige oder seelische) Wohl des Kindes wird gefährdet und: die Eltern sind *„nicht gewillt oder nicht in der Lage"*, die Gefahr abzuwenden. Nur wenn beide Situationen erfüllt sind, können *„Maßnahmen getroffen werden, die zur Abwendung der Gefahr erforderlich sind"*. Beispiele für solche Maßnahmen sind in *§ 1666 Abs. 3 BGB* aufgelistet.

Maßnahmen bei Gefährdung des Kindeswohls
§ 1666 Abs. 3 BGB

Zu den gerichtlichen Maßnahmen nach Absatz 1 gehören insbesondere:

1. Gebote, öffentliche Hilfen wie zum Beispiel Leistungen der Kinder- und Jugendhilfe und der Gesundheitsfürsorge in Anspruch zu nehmen;

2. Gebote, für die Einhaltung der Schulpflicht zu sorgen;

3. Verbote, vorübergehend oder auf unbestimmte Zeit die Familienwohnung oder eine andere Wohnung zu nutzen, sich in einem bestimmten Umkreis der Wohnung aufzuhalten oder zu bestimmende andere Orte aufzusuchen, an denen sich das Kind regelmäßig aufhält;

4. Verbote, Verbindung zum Kind aufzunehmen oder ein Zusammentreffen mit dem Kind herbeizuführen;

5. die Ersetzung von Erklärungen des Inhabers der elterlichen Sorge;

6. die teilweise oder vollständige Entziehung der elterlichen Sorge.

Abbildung 11: Gefährdung des Kindeswohls

5.2.4 KINDER UND JUGENDLICHE

Die Regelungen des *BGB* basieren auf der engeren, teilweise wort-
gleichen Grundrechtsformulierung in *Art. 6 Abs. 3 GG*. Dort finden
sich Begriffe wie *„Versagen"* der Erziehungsberechtigten oder *„Verwahrlosung"* der Kinder. Zu Beginn dieses Kapitels (siehe unter 5.2.1)
wurde analysiert: wer ist Familie und was ist eine Ehe? In diese Auf-
listung gehört auch die Frage: wer ist mit *„Kind"* gemeint?

In der Beziehungsebene der Eltern zu ihren Kindern geht es um
das Recht der Eltern auf Erziehung. Im grundlegenden *§ 1626 BGB*
bezieht sich dieses Recht nur noch auf *„minderjährige Kinder"*. Nur
für ihre minderjährigen Kinder sind die Eltern im Rahmen ihrer *elterlichen Sorge* verantwortlich.

Der Begriff Minderjährigkeit ist gesetzlich nicht definiert. *§ 2 BGB*
stellt fest, dass *„Volljährigkeit"* mit dem 18. Lebensjahr eintritt. Daraus kann im Umkehrschluss abgeleitet werden, dass Kinder – jeden-
falls im Sinne des *BGB* – die Personen sind, die noch nicht 18 Jahre alt sind. In den *§§ 104 ff. BGB* werden dann die Auswirkungen von
Minderjährigkeit (und damit auch von Volljährigkeit) erläutert. Die Einzelheiten dazu wurden bereits früher behandelt (siehe unter 4.2.4).

Auch an dieser Stelle soll nochmals verdeutlicht werden, wie genau mit gesetzlichen Begriffen umzugehen ist. Paragrafen sind Wort
für Wort zu lesen und auszulegen. Soweit es zu den jeweiligen Begriffen gesetzliche Definitionen gibt, gelten diese nur für das Gesetz,
in dem die Definition vorgenommen wurde.

Dies lässt sich gut anhand der oben aufgeworfenen Fragestellung,
wer ist mit dem Begriff Kind gemeint *(Art. 6 Abs. 2 und 3 GG)* erläu-
tern. Derjenige, der nicht mehr Kind ist, also auf jeden Fall die Person, die volljährig ist, ist ein erwachsener Mensch.

Die wesentlichen Begriffsbestimmungen zur Frage, wer ist **Kind,**
wer ist **Jugendlicher,** wer ist **Erwachsener** finden sich außer im *BGB*
in allen auf **junge Menschen** bezogenen Gesetzen:
- So legt das *SGB VIII* fest, dass *Kinder* im Sinne dieses Gesetzes
  diejenigen sind, die noch nicht 14 Jahre alt sind *(§ 7 Abs. 1 Ziff. 1
  SGB VIII)*. *Jugendliche* sind nur diejenigen, die zwischen 14 und
  18 Jahre alt sind, *§ 7 Ziff. 2 SGB VIII*.

- In *§ 7 Abs. 1 Ziff. 3 SGB VIII* wird zusätzlich der Begriff *junge Voll-jährige* verwandt. Damit sind diejenigen gemeint, die zwischen 18 und 27 Jahren alt sind. Außerdem legt *§ 7 Abs. 1 Ziff. 4* fSGB VIII für alle diese Gruppen – Kinder, Jugendliche, junge Volljährige – fest, dass sie im Rahmen des *SGB VIII* als Gesamtgruppe, also ab Geburt bis zum Erreichen des 27. Lebensjahres als *junger Mensch* bezeichnet werden.

- *§ 7 SGB VIII* enthält zusätzlich eine auf den ersten Blick unverständ-lich klingende Einschränkung: In *Abs. 2* dieses Paragrafen heißt es anders als zuvor in *§ 7 Abs. 1 Ziff. 1 SGB VIII*, dass Kinder die-jenigen sind, die noch nicht 18 Jahre alt sind. Diese Regelung nimmt Bezug auf diejenigen, die in *§ 1 Abs. 2 SGB VIII* gemeint sind. *§ 1 Abs. 2 SGB VIII* formuliert wortgleichmit *Art. 6 Abs. 2 GG* und *§ 1626 Abs. 1 S. 1 BGB*. Diese in *§ 1 SGB VIII* benutzte Formulierung beschreibt generell das Verhältnis der Eltern zu ihren Kindern und zwar so wie im *BGB* als eine Rechtsposition der Eltern einerseits und als ihre Verpflichtung andererseits. *„Pflege und Erziehung der Kinder sind das natürliche Recht der Eltern und die zuvörderst ihnen oblie-gende Pflicht" (§ 1 Abs. 2 SGB VIII).* Anders als im *BGB* findet sich hier nicht der zusätzliche Hinweis, dass es sich in dieser Beziehungs-ebene nur um minderjährige Kinder handelt. Darum ist es zur Klar-stellung notwendig, dass *§ 7 in Abs. 2 SGB VIII* den Hinweis gibt, dass Kinder bis zum Erreichen der Volljährigkeitsgrenze mit 18 Jahren (vgl. wiederum *§ 2 BGB*) rechtlich als Kinder ihrer Eltern behandelt wer-den. Auch andere grundlegende Begriffe werden in diesem Gesetz definierend umschrieben, z. B. wer mit **Personensorgeberechtigter** oder im Unterschied dazu mit **Erziehungsberechtigter** gemeint ist. In anderen für junge Menschen relevanten Gesetzen steht stattdessen *personensorgeberechtigte Person* und *erziehungsberechtigte Per-son (§ 1 JugSchG).*

- Im Rahmen dieses *Jugendschutzgesetzes* sind mit Kindern die bis 14-jährigen gemeint, diejenigen, die zwischen 14 Jahren und 18 Jahren alt sind gelten als Jugendliche.

- Das *Jugendarbeitsschutzgesetz (JuArbSchG)* geht dagegen da-von aus, dass Kinder diejenigen sind, die noch nicht 15 Jahre alt sind – das Alter für Jugendliche bezieht sich hier ebenfalls auf die bis 18-Jährigen *(§ 2 Abs. 1 u. 2 JuArbSchG)*. Der Sinn dieser zeitlichen Erweiterung wird mit Blick auf *§ 2 Abs. 3 JuArbSchG* deutlich: Arbeitsschutz ist erst dann notwendig, wenn Kinder oder Jugendliche nicht mehr schulverpflichtet sind. Dies ist normalerweise bis zum 15. Lebensjahr der Fall, darum sollen sie auch bis zu diesem Zeitpunkt rechtlich als Kinder angesehen werden.

- Im *Jugendgerichtsgesetz (JGG)* wird singulär der Begriff Jugendlicher verwendet. Kinder kommen hier direkt nicht vor. Nur indirekt kann aus *§ 1 Abs. 2 JGG* abgeleitet werden, dass Kinder diejenigen sind, die noch nicht 14 Jahre alt sind. Diese Kinder unterliegen nämlich nicht den Bestimmungen des *JGG*. Hier wird eindeutig formuliert, dass dieses Gesetz (nur) gilt, wenn ein Jugendlicher (oder ein **Heranwachsender**) eine Verfehlung nach den allgemeinen Strafvorschriften, also nach dem Strafgesetzbuch *(StGB)* begeht. Neu kommt hier der Begriff *Heranwachsender* hinzu. Er wird ausschließlich im Jugendstrafrecht verwendet. In diesem Sinn ist ein Heranwachsender ein junger Mensch zwischen 18 bis 21 Jahren. Für ihn gelten strafrechtliche Sonderregelungen. Zusätzlich formuliert das *StGB in § 19*, dass der noch nicht 14-Jährige (also derjenige, der noch Kind im Sinne des Strafrechts ist) **schuldunfähig** ist.

5.2.5 MÜTTER, UNEHELICHE KINDER

Begriffliche Genauigkeiten sind, wie in der Einleitung zu diesem Kapitel schon erwähnt, das A und O in der Rechtsanwendung. Mit den an dieser Stelle genannten Beispielen sollte verdeutlicht werden, dass es beim Umgang mit Rechtsfragen nötig ist, genau auf jedes einzelne gesetzliche Wort zu achten.

Im Folgenden soll der Inhalt des Grundgesetzes zum Thema Familie mit der Betrachtung von *Art. 6 Abs. 4 und 5 GG* noch vervollständigt werden. In diesem Absatz 4 wird sehr allgemein ein **Schutzrecht für jede Mutter** konstatiert. Wie dies ausgefüllt werden kann, lässt sich in verschiedenen Gesetzen zur Familienförderung und zum Familienlastenausgleich nachlesen *(siehe unter 5.2.2)*.

Art. 6 Abs. 5 GG betont, dass in unserer Gesellschaft **uneheliche Kinder gleichgestellt** mit den ehelichen Kindern behandelt werden sollen. Auch dieses Grundrecht wurde bereits im Jahr der Entstehung des Grundgesetzes, also 1949, genauso postulierend formuliert. Es wurde aber wie viele andere verfassungsrechtliche Postulate auch erst nach und nach immer weiter realisiert. Seit 1998 werden alle Kinder erbrechtlich gleichgestellt. Vorschriften einer Sonderbehandlung von unehelich geborenen Kindern finden sich kaum noch im privaten Recht. Der veraltete und problematische Begriff *uneheliches Kind wird seitdem* nicht mehr verwendet, da er grundsätzlich negativ behaftet ist. Die Silbe „un" steht generell für sehr negative Ausdrücke, etwa bei Formulierungen wie: „Du bist unmöglich, unverschämt, ungezogen, das ist unerhört oder unanständig". Auch Kinder von nicht verheirateten Eltern sollen nicht negativ abgestempelt werden, sie sollen nicht in eine schlechtere Position gedrängt werden als eheliche Kinder.

Bereits bei der großen Familienrechtsreform in den 1970er Jahren wurde im BGB eine sprachliche Veränderung vorgenommen: Aus dem unehelichen wurde das *nichteheliche Kind*; eine nicht wertende, nur beschreibende Formulierung, die sachlich feststellt, dass das betreffende Kind nicht innerhalb eine Ehe geboren wurde.

Diese Begriffsgestaltungen, begrifflichen Genauigkeiten, sind keine oberflächlichen aussagenlosen Wortspiele. Sie werden vom Gesetzgeber sehr bewusst nach langen Diskussionen und Entscheidungsprozessen vorgenommen, mit dem Ziel, dass gesetzliche Bestimmungen nicht hinter die gesellschaftliche Wirklichkeit zurückfallen. In den heutigen Lebenssituationen und Familienformen können nichteheliche Kinder nicht mehr von den ehelichen Kindern unterschieden werden. So ist der Gesetzgeber in weiterer Anpassung an die gesellschaftlichen tatsächlichen Gegebenheiten, im Rahmen der Kindschaftsrechtsreform 1998 in seiner diesbezüglichen Formulierung noch weiter gegangen: Seit diesem Zeitpunkt finden sich im Privatrecht keine nichtehelichen Kinder mehr. Ihre tatsächliche Existenz und die damit verbundenen immer noch notwendigen gesetzlichen Regelungsbestimmungen finden sich jetzt in Vorschriften, in denen es sich um sogenannte *besondere Vorschriften für das Kind und seine nicht miteinander verheirateten Eltern* handelt. Heute gilt also eine völlig wertfreie und neutrale Formulierung, mit der das Kind nicht mehr bewertet wird. Die Unterscheidung bezieht sich jetzt auf die Eltern: Sind sie Eheleute oder sind sie nicht miteinander verheiratet. Es wird also auf zwei unterschiedliche Lebensformen von Eltern abgestellt; die einen sind miteinander verheiratet und die anderen eben nicht. Diese leben letztlich ohne rechtlichen Rahmen als Paar zusammen. Ausnahmebestimmungen finden sich in den §§ 1615a ff. BGB. Es geht also nur noch um die Eltern, nicht um die Kinder. Zwischen ehelichen und nichtehelichen Kindern finden sich insoweit keine gesetzlichen Unterscheidungen mehr.

5.3   EHE

Nach den gesetzlichen Grundlagen und Rechtsbegriffen ist es nun erforderlich, die Frage nach der Bedeutung des Rechts für Familien weiter zu konkretisieren. Zur Entstehung einer Familie wird letztlich eine irgendwie geartete Partnerschaft benötigt. Tatsächlich existieren diverse Varianten von partnerschaftlichen Beziehungen. Männer und Frauen leben mit ihren Kindern ohne rechtliche Bindungsformen zusammen oder sie leben getrennt und betreuen die Kinder wechselseitig. Sie entscheiden sich zu einer rechtlichen Sanktionierung ihrer Lebensform, sie sind verheiratet, leben aber nicht oder mit einem anderen Partner zusammen oder die jeweiligen Partnerbeziehungen bestehen nicht zwischen Mann und Frau, sondern zwischen zwei Männern oder zwei Frauen. Wir sprechen in diesen Zusammenhängen von eheähnlichem Zusammenleben oder von nichtehelichen Lebensgemeinschaften, von Verlobten, Lebenspartnern, Lebensabschnittsgefährten, auch von eingetragenen Lebenspartnerschaften oder, oder. Formal ist die Ehe die einzige im Grundgesetz titulierte und geschützte Institution partnerschaftlicher Gemeinsamkeit. Wie diese unterschiedlichen Lebensformen rechtlich einzuordnen sind, welche Rechtswirkungen sie entfalten, soll nachfolgend im Einzelnen beleuchtet werden.

Dabei soll mit dem entscheidenden Rechtskern, dem „**Institut der Ehe**" als die nach unserer verfassungsmäßigen Werteordnung wesentlichen Grundform für die Begründung einer Familie begonnen

werden. Da die Rechtsform der Ehe durch unsere christlich-abend-
ländische Tradition wesentlich geprägt wurde, liegt ihr grundsätzli-
ches Wesensmerkmal in ihrer Unauflöslichkeit. Der Kernparagraf dazu
in *§ 1353 BGB* formuliert in seinem *Abs. 1*, dass eine eheliche Lebensgemeinschaft auf Lebenszeit geschlossen wird, dass sie also unauflöslich ist.

Die Scheidungsstatistiken verdeutlichen allerdings, dass es zu diesem Grundsatz Ausnahmeregelungen gibt, um sich von dem einmal
geschlossenen Ehebund lösen zu können. Dies entspricht dem allgemeinen rechtlichen Kernsatz der lautet: „Keine Regel ohne Ausnahme!" *§ 1353 Abs. 1 S. 1 BGB* fomuliert dazu eindeutig, dass die *„Ehe
auf Lebenszeit geschlossen" wird.*

**Übersicht zum Eherecht
§§ 1297-1588 BGB**

Verlobung	Eheschließung	Allgemeine Ehewirkungen	Güterrecht	Scheidung
§§ 1297 ff.	§§ 1303 ff.	§§ 1353 ff.	§§ 1363 ff.	§§ 1564 ff.

Abbildung 12: Eherecht

5.3.1 ENTSCHEIDUNG FÜR EINE EHE

Denklogisch im Rechtssinne muss einer Eheschließung immer eine
Verlobung vorausgehen, auch wenn das in heutiger Zeit ziemlich alt-
modisch klingt. Eine Verlobung bezieht sich immer direkt und rechts-
logisch unmittelbar auf die irgendwann nachfolgende Ehe. Jedes
Paar, das irgendwann morgen oder in ein paar Jahren, heiraten möchte, nimmt sich dies gemeinsam vor. Spätestens dann, wenn ein hei-
ratswilliges Paar den notwendigen Termin beim Standesamt macht,
haben sie entschieden, miteinander die Ehe einzugehen. Von dieser
Entscheidung an sind sie miteinander verlobt.

Insofern ist das **Verlöbnis** ebenfalls ein Rechtsinstitut, das rechtliche Folgen mit sich bringt. Eine Verlobung ist also nicht nur eine ro-
mantische Privatangelegenheit. Die Rechtsbestimmungen über die
Verlobung finden sich in den *§§ 1297 ff. BGB*, also unmittelbar vor

den Regelungen über die Ehe *(§§ 1303 ff. BGB)*. Die rechtlich notwendigen Voraussetzungen für ein Verlöbnis sind im Gesetz jedoch nicht ausdrücklich aufgezählt. Sie werden stillschweigend vorausgesetzt. Das Gesetz beschäftigt sich mit den Rechtsfolgen, vor allem für den Fall, dass das Verlöbnis platzt, d. h. die Verlobten trennen sich wieder. Was das Verlöbnis also wirklich ist, was es ausmacht, diese Definition muss aus den gesetzlichen Regelungen herausgearbeitet werden.

Verlobung ist demzufolge:

- *ein wechselseitiges*
- *Versprechen der künftigen Eheschließung*
- *zwischen zwei Personen verschiedenen Geschlechts*
- *die ledig und*
- *ehefähig sind*
- *es gibt keinerlei Formerfordernis.*

Die Einzelheiten für diese hier aufgelisteten Kriterien folgen aus den detaillierten Rechtsbestimmungen zur Eheschließung in den der Verlobung nachfolgenden Paragrafen. Damit muss sich die Verlobung als ein gegenseitiger Vertrag, der auf die Eheschließung abzielt, an den für eine Ehe geltenden grundlegenden Rechtsbestimmungen orientieren. Anders als bei sonstigen im Vertragsrecht des *BGB* geregelten Rechtsverträgen, kann das Eheversprechen, das den Inhalt dieses Vertrags bildet, nicht eingeklagt werden, *§ 1297 Abs. 1 S. 1 BGB*. Auch wäre eine gerichtliche Vollstreckungsmaßnahme wie Beugehaft oder eine Geldstrafe, um die Eheschließung auf jeden Fall herbeizuführen, „nichtig". *§ 1297 Abs. 1 S. 2 BGB* sagt ausdrücklich, dass sogar das vertragliche „Versprechen einer Strafe für den Fall, dass die Eingehung der Ehe unterbleibt", nichtig ist, dass eine solche Festlegung also keinerlei Wirksamkeit entfalten kann.

Die **Rechtsfolgen der Verlobung** nach dem *BGB* sind:

- Rückgabeanspruch für die Verlobungsgeschenke, wenn die Verlobung gelöst wird, nach *§ 1301.*
- Schadensersatzanspruch nach *§ 1298*, sogar für die Eltern der Verlobten, wenn ein Verlobter vom Verlöbnis zurücktritt. Dies gilt insbesondere für Aufwendungen, die in Erwartung der Ehe gemacht wurden.

- Schadensersatzanspruch nach *§ 1299*, wenn ein Verlobter einen triftigen Grund dafür liefert, dass der andere vom Verlöbnis zurücktritt. Ersatzfähige Aufwendungen können Anschaffungen für den gemeinsamen Haushalt sein oder die Buchung (und damit Zahlungsverpflichtung) einer Hochzeitsreise oder auch die Kosten für eine Verlobungsfeier. (Es geht immer um die Angemessenheit der Aufwendungen.)

Daneben gibt es noch Rechtsfolgen für Verlobte in anderen Gesetzen, zum Beispiel:

- Aussageverweigerungsrecht vor Gericht (gem. *StPO, ZPO*),
- Besuchserlaubnis, wenn ein Verlobter inhaftiert ist.

Die **Verlobung Minderjähriger** orientiert sich an den Ehevorschriften, da eigene Regelungen nicht gegeben sind. Eine Voraussetzung zur Verlobung wäre danach die Ehefähigkeit. Diese umfasst Volljährigkeit und Geschäftsfähigkeit.

Volljährigkeit erlangt man nach *§ 2 BGB* mit Vollendung des 18. Lebensjahres, also am Tag des 18. Geburtstages. Mit diesem Tag ist man auch voll geschäftsfähig, vorher (ab sieben Jahre) war man nur beschränkt geschäftsfähig *(§ 106 ff. BGB)*. Nach den Regeln des allgemeinen Privatrechts benötigen die noch minderjährigen Kinder für Rechtsgeschäfte die Zustimmung ihres gesetzlichen Vertreters *(§ 107 BGB)*, in der Regel der sorgeberechtigten Eltern (siehe im Einzelnen unter 4.2.3, 4.2.4). Das bedeutet: ein beschränkt Geschäftsfähiger könnte sich letztlich mit Zustimmung seines gesetzlichen Vertreters verloben, da der Verlobungsvertrag ein Rechtsgeschäft im Sinne des *BGB* ist. Das heisst aber nicht, dass die Eltern – in ihrer Eigenschaft als gesetzliche Vertreter – beispielsweise ihre Tochter, ohne diese zu fragen, mit einem Mann verloben können. Die Verlobung ist eine höchstpersönliche Angelegenheit. Zu bedenken ist außerdem, dass die Eheschließung erst mit der Vollendung des 18. Lebensjahres möglich ist. Die Einzelheiten dazu werden im nachfolgenden Kapitel unter 5.3.2 dargelegt. Sie gelten denklogisch auch für die Verlobung.

5.3.2 BEGRÜNDUNG DER EHE

Die Eheschließung ist die rechtlich anerkannte, grundlegende und verbreitete Form von partnerschaftlicher Gemeinsamkeit mit entsprechender Rechtsauswirkung. Die Eheschließung ist ein familienrechtlicher Vertrag besonderer Art mit strengen Formalitäten und genau bezeichneten Rechtsfolgen.

Natürlich denken zwei Menschen, wenn sie heiraten wollen, nicht als Erstes an rechtliche Zusammenhänge oder an vertragliche Regelungen. Daher ist es eher unüblich, mit der Heirat gleichzeitig einen notariellen Vertrag abzuschließen, um damit individuelle Wünsche über Rechtsfolgen dieser Ehe selbst zu bestimmen. Den Eheschließenden ist im Allgemeinen nicht klar, dass und vor allem welche Rechtsfolgen mit Eingehung der Ehe automatisch gesetzlich einhergehen. Mit der Unterzeichnung einer eigenen notariellen Vereinbarung über rechtliche Konsequenzen der Ehe könnten sie ihre individuellen Vorstellungen per Vertrag selbst festlegen. Der Gesetzgeber hat dafür in Bezug auf Vermögensangelegenheiten einige Vorgaben gemacht (vgl. dazu *§§ 1414 ff. BGB*).

Die genauen Voraussetzungen für eine Eheschließung und das „Wie" dieses Vorgangs, also wie eine Eheschließung abläuft, finden sich in den *§§ 1303-1312 BGB*.

Die Ehe ist eine rechtlich manifestierte partnerschaftliche Gemeinschaft zwischen Mann und Frau oder zwischen zwei gleichgeschlechtlichen Partnern, so geregelt in *§ 1353 Abs. 1 S. 1 BGB*.

Die im *BGB* ausdrücklich aufgeführten Rechtsvoraussetzungen für eine wirksame **Eheschließung** sind:

- Ehefähigkeit (Ehemündigkeit), *§ 1303 Abs. 1,* und Geschäftsfähigkeit, *§ 1304*
- Kein Eheverbot: Doppelehe, *§ 1306*, Verwandtschaft, *§ 1307*, Adoptionsverhältnis, *§ 1308*
- Ehefähigkeitszeugnis für Ausländer, *§ 1309*
- Eheschließung – die Zeremonie –, *§§ 1310-1312*

Die **Ehemündigkeit** stellt nach *§ 1303 S. 1 BGB* auf die Volljährigkeit beider heiratswilligen Personen ab. Außerdem sagt der Gesetzgeber ausdrücklich, dass die Ehe mit einer unter 16 Jahren alten Person nicht wirksam ist. Der Fall, dass eine der beiden Heiratswilligen zwar schon 16, aber noch nicht 18 Jahre alt ist, bleibt nach der Formulierung in *§ 1303 Satz 2 BGB* im Bereich einer Grauzone. Eine Eheschließung von unter 18jährigen ist rechtlich „eigentlich" nicht zulässig, sie kann aber, wenn sie zum Beispiel im Ausland nach den dortigen Rechtsregelungen ordnungsgemäß erfolgt ist, nach unseren Bestimmungen im internationalen Privatrecht akzeptiert werden, *Artt. 13 und 6 EGBGB.*

Zu beachten ist außerdem, dass ein Heiratswilliger nicht geschäftsunfähig sein darf, *§ 1304.* Geschäftsunfähig im Sinne von *§ 104 Ziff. 2 BGB* ist derjenige, bei dem diese Voraussetzung ausdrücklich ärztlich gutachterlich festgestellt wurde. Ein geistig eingeschränkter Erwachsener mit einer (leichteren oder mittleren) geistigen Behinderung ist trotz dieser Einschränkung in der Lage, seinen eigenen persönlichen Willen zu bilden, also für sich zu entscheiden, ob er und wen er heiraten möchte. Diese „höchstpersönliche" Entscheidung kann ihm keine andere Person, auch nicht sein möglicher „rechtlicher Betreuer" *(§§ 1896 ff. BGB)* (siehe dazu unter 5.7.5) abnehmen oder vorschreiben. Beziehungen zwischen Paaren, der Wunsch auf eine dauerhafte, rechtlich sanktionierte, althergebrachten Traditionen entsprechende Partnerbeziehung, ist eine typische „höchstpersönliche" Angelegenheit.

5.3.3 Aufhebung der Ehe

Die Eingehung einer Ehe beruht auf dem Prinzip der obligatorischen Zivilehe, das bedeutet, die Ehe muss bei uns auf jeden Fall von einem staatlichen Standesbeamten geschlossen werden. Die genauen Details zum Ablauf der Eheschließung sind in den *§§ 1310-1312 BGB* festgehalten. Die Heiratswilligen äußern ihren Ehewillen durch ihre persönliche Eheschließungserklärung, bei gleichzeitiger Anwesenheit einem Standesbeamten gegenüber. Sie dürfen keinerlei Bedingungen vorgeben oder Einschränkungen setzen wonach die Ehe befristet erfolgen soll. Der Standesbeamte ist der für Eheschließungen zuständige Beamte innerhalb einer Kommune. Er ist von seinem Behördenchef, also dem Bürgermeister der kommunalen Verwaltung, ausdrücklich der für diese Aufgaben des Personenstandes beauftragte Beamte. Einzelheiten dazu finden sich im *PStG.*

§ 1312 BGB gibt den Ablauf Wort für Wort genau vor: Wenn die Verlobten ihren Heiratswillen bekundet haben, stellt der Standesbeamte die Traufrage in Bezug auf das „Ja-Wort", *§ 1312 Abs. 1 S. 1 BGB.*

Natürlich könnten bei diesem Gesamtvorgang Fehler unterlaufen, nämlich dann, wenn nicht alle der in den *§§ 1303 ff. BGB* vorgegebenen Voraussetzungen fehlerfrei erfüllt sind. Unter genau bestimmten Voraussetzungen führen derartige Fehler zu der Möglichkeit, die Ehe aufheben zu lassen, *§§ 1313-1318 BGB*. In diesen Fällen ist die Ehe zunächst wirksam zustande gekommen, sie kann aber wegen Vorliegens eines *Aufhebungsgrundes* durch ein gerichtliches Urteil aufgelöst werden.

Zusätzlich gibt es noch ganz besondere Fälle, in denen man von einer *Nichtehe* spricht: Es ist gar keine wirksame Ehe zustande gekommen und jeder kann sich auf das Nichtbestehen der Ehe berufen, ohne dass es dazu einer gerichtlichen Entscheidung bedarf. Eine solche Nichtehe liegt vor, wenn:

- die Eheschließungserklärung oder
- die Mitwirkung eines Standesbeamten fehlt (Ausnahme dazu in § 1310 Abs. 2 BGB).

Die Aufhebungsgründe sind in *§ 1314 BGB* abschließend aufgezählt. Darunter fallen Verstöße gegen die Bestimmungen über die Ehefähigkeit, *§§ 1303 und 1304 BGB*. Außerdem der Fall der Doppelehe *(§ 1306 BGB)*, das heißt einer der Ehepartner ist bereits verheiratet oder er befindet sich noch in einer anderen, der Ehe entsprechenden rechtlichen Verbindung. Dazu zählt ebenfalls das Verbot der Verwandtenehe in gerader Linie (also zwischen Vater oder Großvater und Tochter bzw. Enkelin) und das Verbot einer Ehe zwischen Geschwistern, *§ 1307 BGB*. Falls die formalen Vorgaben des Ablaufs der Eheschließung nach *§ 1311 BGB* nicht erfüllt sind, liegt darin ebenfalls ein Aufhebungsgrund.

Darüber hinaus listet der *§ 1314 BGB* spezielle Aufhebungsgründe auf, wie z. B. die arglistige Täuschung eines Ehegatten, *§ 1314 Abs. 2 Ziff. 3 BGB*. Hier findet sich wieder ein typisches Beispiel für eine genaue, aber komplizierte gesetzliche Ausdeutungsweise: Eine Aufhebung der Ehe ist nur möglich, wenn sich die Täuschung nicht auf „Vermögensverhältnisse" bezieht. Zudem wird darauf abgestellt, dass nur solche Täuschungsumstände relevant für eine Eheaufhebung sind, wenn sie „bei richtiger Würdigung des Wesens der Ehe" dazu geführt hätten, dass der getäuschte Ehepartner genau deshalb die Ehe nicht eingegangen wäre. Diese Fälle sind heute kaum noch

von Relevanz. In früheren Jahren waren es Fragen, wie die „Unberührt-
heit" vor der Ehe oder die Tatsache, dass bereits vorhandene Kinder,
die zu einer Eheaufhebung hätten angeführt werden können, ausdrücklich verschwiegen wurden.

Aufhebungsgründe in § 1314 Abs. 2 BGB

Eine Ehe kann ferner aufgehoben werden, wenn

1. ein Ehegatte sich bei der Eheschließung im Zustand der Bewusstlo-
   sigkeit oder vorübergehender Störung der Geistestätigkeit befand;

2. ein Ehegatte bei der Eheschließung nicht gewusst hat, dass es sich
   um eine Eheschließung handelt;

3. ein Ehegatte zur Eingehung der Ehe durch arglistige Täuschung über
   solche Umstände bestimmt worden ist, die ihn bei Kenntnis der Sachlage und bei richtiger Würdigung des Wesens der Ehe von der Eingehung der Ehe abgehalten hätten; dies gilt nicht, wenn die Täuschung Vermögensverhältnisse betrifft oder von einem Dritten ohne
   Wissen des anderen Ehegatten verübt worden ist;

4. ein Ehegatte zur Eingehung der Ehe widerrechtlich durch Drohung
   bestimmt worden ist;

5. beide Ehegatten sich bei der Eheschließung darüber einig waren,
   dass sie keine Verpflichtung gemäß § 1353 Abs. 1 begründen wollen.

Abbildung 13: Aufhebung der Ehe

Aktuell findet sich dagegen ein relevanter und häufig vorkommen-
der Eheaufhebungsgrund in *§ 1314 Abs. 2 Ziff. 5 BGB*. Hier geht es
um die sogenannte **Scheinehe**, das bedeutet, die Ehe wird nur zum
Schein geschlossen. Es geht den Eheschließenden um die rechtlichen Auswirkungen. Die Eheleute wollen keine eheliche Beziehung
eingehen, sie wollen nicht als Ehepaar zusammenleben, sie wollen
insbesondere keinerlei rechtliche Verpflichtung begründen. Die Begründung in *§ 1314 Abs. 2 Ziff. 5 BGB* liegt in der Bezugnahme zum
eigentlichen Kernparagrafen des Eherechts, nämlich in *§ 1353 BGB*.
    Dort ist ausgeführt, was eine Eheschließung bewirkt:
- Die Ehe wird auf „Lebenszeit geschlossen" *(Abs. 1 S. 1)* und
- die Eheleute „sind einander zur ehelichen Lebensgemeinschaft
  verpflichtet" *(Abs. 1 S. 2, 1. Hlbs.)*.

Genau das aber wollen Eheleute im Fall der Scheinehe nicht: Sie wollen gerade nicht zusammenleben und sie wollen auch keineswegs auf Lebenszeit verheiratet bleiben. Ihnen geht es darum, die rechtlichen Vorteile des Ehestandes zu erreichen. Angesichts der Vorgaben des Staatsangehörigkeitsrechts ergibt sich für einen ausländischen Ehepartner ein Anspruch auf Gemeinsamkeit mit seinem Ehepartner und dies führt nach Ablauf einer bestimmten Frist zu einem dauernden Bleiberecht, zum Anspruch auf die deutsche Staatsangehörigkeit, zur Arbeitserlaubnis. Aus diesem Grund sind die Standesbeamten verpflichtet anhand bestimmter Kriterien besonders darauf zu achten, ob die ehewilligen Partner eine „echte" Ehe im Auge haben. Vielfach werden Eheschließungen erkauft, der deutsche Partner wird dann dafür bezahlt, dass er einen ausländischen Partner heiratet und dass er so lange in dieser Ehebeziehung verbleibt, bis der gewünschte „Erfolg" eintritt, also der Ehegatte z. B. die deutsche Staatsangehörigkeit erlangt hat.

Eine Eheaufhebung kann in all diesen Fällen durch den betroffenen Ehepartner beantragt werden oder durch die nach Landesrecht als dafür zuständig erklärte „Verwaltungsbehörde", § 1316 Abs. 1 Ziff. 1 BGB.

Der Gesetzgeber hat auch einen **Zeitrahmen** festgelegt, innerhalb dessen eine **Eheaufhebung** möglich sein soll. Als Ausgangspunkt wird dabei abgestellt auf den Zeitpunkt, zu dem der Grund der Aufhebung für den anderen Ehepartner oder für die Verwaltungsbehörde erkennbar wurde (§ 1317 BGB). Diese Fristenregelungen finden allerdings auf die Scheinehe keine Anwendung. Dies ergibt sich denklogisch aus § 1317 BGB, da dort der Aufhebungsgrund des § 1314 Abs. 2 Ziff. 5 BGB in § 1317 BGB nicht genannt wird.

Und zusätzlich: Möglicherweise können auch Interessen des Wohls der aus der Ehe hervorgegangenen Kinder gegen eine Aufhebung der bestehenden Ehe sprechen, § 1316 Abs. 3 BGB.

5.3.4 Folgen der Eheschliessung

Die Ehe ist letztlich ein Vertrag, wenn auch in einer besonderen Form und mit speziellen Rechtswirkungen. Durch die Eheschließung bilden Mann und Frau eine familienrechtliche Gemeinschaft, deren Inhalt gesetzlich geregelt ist.

Um manche Vorschriften verstehen zu können, muss man sich bewusstmachen, dass diese Regelungen in ihren Grundformulierungen über einhundert Jahre alt sind (zur Erinnerung: Das *BGB* trat erstmals am 1.1.1900 in Kraft). Das Familienrecht und insbesondere das Eherecht ist ein sehr traditionell geprägtes Rechtsgebiet. Vieles, was für uns heute selbstverständlich ist, war für unsere Großeltern noch nicht Realität. Wenn wir uns vor Augen führen, wie ihr Eheleben gestaltet war, können wir uns ungefähr ein Bild von der Zeit machen, die diese Regelungen geprägt haben. Selbst wenn unsere Groß- und Urgroßmütter selbstbewusste Frauen waren, so lebten sie doch in einer Gesellschaft, in der der Ehemann „das Sagen" im Hause hatte und die die Familie betreffenden Entscheidungen alleine fällen konnte. Formal war er zuständig für die Vertretung der Familienmitglieder nach außen. Erst das Grundgesetz (1949) mit seinem Gleichberechtigungsgrundsatz in *Art. 3 Abs. 2*, mit den für Mann und Frau gleichermaßen geltenden (Grund-)Rechten und auch die dann folgende Frauenbewegung des 20. Jhs., haben ein Familienrecht ermöglicht, in welchem Männer und Frauen wirklich gleichberechtigt sind.

Gleichberechtigung nach Art. 3 Abs. 2 GG
Meilensteine der Entwicklung

1955   Nicht verheiratete Frauen dürfen sich statt Fräulein nun auch „Frau" nennen;

1958   Ehefrauen dürfen ab sofort auch ohne Erlaubnis ihrer Ehemänner arbeiten gehen, aber nur wenn sie ihre häuslichen Pflichten nicht vernachlässigen;

1962   die „Antibabypille" kommt auf den Markt – zunächst nur für verheiratete Frauen;

1965   Einführung des koedukativen Unterrichts an Schulen;

1967   nachlässige Haushaltsführung gilt als Scheidungsgrund;

1971   die Einführung des BAföG verbessert die Bildungschancen von Mädchen aus finanzschwachen Familien;

1976   auch der Name der Braut ist als Familienname möglich;

1977   das Zerrüttungsprinzip löst das Schuldprinzip in der Ehescheidung ab;

1977   der Ehemann darf seiner Frau nicht mehr den Beruf verbieten und nicht mehr in ihrem Namen ihr Arbeitsverhältnis kündigen.

Abbildung 14: Entwicklung der Gleichberechtigung

Eheliche Lebensgemeinschaft

Heute haben Eheleute sehr weitgehende Freiheiten, ihre Ehe so zu leben, wie es ihnen gefällt. Wenn ihnen die Art ihrer Lebensgestaltung nicht gelingt, können sie sich trennen und einen Antrag auf Ehescheidung stellen. Den Richter interessieren die Gründe für die Trennung nicht und er muss nicht feststellen, wer die Schuld für die Trennung trägt.

Dennoch stehen einige grundlegende Regeln, wie das Eheleben gestaltet werden soll, im Gesetz. Diejenigen, die in sozialen Berufen tätig sind sollten die Rechtsverhältnisse von Eheleuten kennen, um notwendige Klarheiten vermitteln zu können. Kernparagraf für das Eherecht ist seit dem Inkrafttreten des BGB *§ 1353 BGB.*

In *§ 1353 Abs. 1 S. 2* heißt es: *„Die Ehegatten sind einander zur ehelichen Lebensgemeinschaft verpflichtet; sie tragen füreinander Verantwortung."*

Auf eine unmittelbare Konkretisierung dieser Forderung hat der Gesetzgeber verzichtet. Inhaltlich gemeint sind eine Lebensführung der Eheleute in gegenseitiger Achtung, geprägt von Liebe, mit Beistand und Hilfe für den Anderen, ein Zusammenleben in ehelicher Treue sowie die gemeinsame Sorge für die Kinder. Diese Pflicht zur Führung einer Lebensgemeinschaft hat allerdings in der Praxis keine Bedeutung mehr. Wenn die Eheleute es vorziehen nicht zusammen zu wohnen, so ist das ihre Privatentscheidung. Wenn der Ehemann nicht zu seiner Ehefrau ziehen will, obwohl sie dies wünscht, so kann sie ihn nicht dazu zwingen, sie müssen sich arrangieren oder sie können getrennte Wege gehen.

Bis zur Neuregelung des Scheidungsrechts im Jahr 1977 war diese Pflicht auch zu einer räumlichen Lebensgemeinschaft noch von Bedeutung. So musste beispielsweise die Hausfrau dem Ehemann folgen, wenn er sich beruflich veränderte und deshalb ein Umzug notwendig wurde. Weigerte sie sich, so war das ein Scheidungsgrund für den Mann, die Frau wurde dann „schuldig" geschieden mit möglicherweise weiteren rechtlichen, insbesondere finanziellen Konsequenzen.

In *§ 1353 Abs. 1 Satz 2* wird ausdrücklich betont, dass zwischen den Eheleuten Verantwortung bestehen sollte. Dieser Teil der Vorschrift wurde erst mit der großen Kindschaftsrechtsreform im Jahre 1998 in das

BGB aufgenommen. Eigentlich erscheint es selbstverständlich, dass Eheleute „füreinander Verantwortung tragen" und dass sie dies auch so wollen. Anders als in den Jahren zuvor hat es aber der Gesetzgeber nunmehr offensichtlich für notwendig erachtet, diese rechtliche Verantwortung gesetzlich speziell zu formulieren und damit besonders zu betonen. Die Vorstellungen davon, wie eheliche Gemeinschaft gelebt wird, haben sich wesentlich verändert. Dies hat den Gesetzgeber veranlasst, diese Notwendigkeit von „gegenseitiger Verantwortung" besonders zu betonen. Denn letztlich muss *§ 1353 Abs. 1 S. 2, 2. Hlbs. BGB* in Zusammenhang mit *§ 1353 Abs. 1 S. 1 BGB* gelesen werden, das bedeutet, die Eheleute tragen das ganze Leben lang die Verantwortung füreinander. Auswirkungen hat eine derartige Regelung unmittelbar nicht, das bedeutet, die gewünschten Verhaltensweisen des Ehepartners sind nicht direkt einklagbar. Mittelbar führt eine solche Vorgabe zu weiteren gesetzlichen Bestimmungen wie zum Beispiel im Unterhaltsrecht, die dann gedanklich an genau diesem Grundsatz anknüpfen.

In den nachfolgenden gesetzlichen Regelungen der *§§ 1355-1360b BGB* werden weitere Rechtspositionen und Pflichten von Eheleuten untereinander fixiert.

Name der Eheleute

§ 1355 BGB unterscheidet zwischen: **Geburtsname, Ehename, Familienname**.

Geburtsname ist der ursprüngliche erste Familienname, der in der Geburtsurkunde eines Menschen steht; der Nachname, den er aufgrund seiner Herkunftsfamilie trägt. Er ist in der Regel identisch mit dem Ehenamen der Eltern oder dem Namen der nicht verheirateten Mutter, den sie zum Zeitpunkt der Geburt des Kindes innehat. Wer adoptiert wurde, erhält als Kind den Familiennamen der Adoptiveltern als Geburtsname. Dieser „Geburtsname" wird dann in die Geburtsurkunde geschrieben, um zu vermeiden, dass an Hand dieser Urkunde erkennbar wird, dass die leiblichen Eltern einen anderen Namen tragen. Allerdings wird im Standesamt die Originalurkunde mit dem „echten" Geburtsnamen unter Verschluss aufbewahrt. Adoptivkinder haben ab dem 16. Lebensjahr die Möglichkeit, ihre „wahre Herkunft" zu erfahren.

Ehename ist der von den Eheleuten gemeinsam geführte Familienname, der von ihnen bestimmt werden soll, aber nicht muss. Es kann der Name des Mannes oder der Frau sein. Solange die Eheleute keinen Namen bestimmen, behält jeder seinen bisherigen eigenen Namen. Gemeint ist der Geburtsname oder der jeweilige zu diesem Zeitpunkt geführte Name. Nach einer Scheidung kann der durch die vorangegangene Ehe erworbene Name aber nicht zum neuen Ehenamen werden.

Der Ehepartner, dessen Name nicht Familienname wird, kann zum Ausgleich dafür seinen Geburtsnamen nur für sich persönlich als Doppelname vor oder hinter den Familiennamen (siehe unten) des anderen stellen. Gemeinsame Kinder können jedoch keinen Doppelnamen tragen, auch nicht beide Ehepartner.

Familienname ist der von einer Person zu einem bestimmten Zeitpunkt geführte Nachname, entweder sein Geburtsname oder sein Ehename. Er kann nur anlässlich einer Heirat geändert werden.

Definitionen der Namen
§ 1355 BGB, §§ 1616-1618 BGB

Geburtsname
- Name, der in der Geburtsurkunde der Verlobten zur Zeit der Eheschließung einzutragen ist;
- i. d. R. identisch mit dem Ehenamen der Eltern oder
- mit dem Familiennamen der nichtehelichen Mutter zur Zeit der Geburt.

Ehename
- der von beiden Ehegatten geführte Familienname;
- ist stets mit dem Geburtsnamen eines Ehegatten identisch;
- Ehegatten und gemeinschaftliche Kinder führen ihn gemeinsam.

Familienname
- der von einer Person zu einem bestimmten Zeitpunkt geführter Nachname;
- entweder Geburtsname oder Ehename;
- Begleitname gehört nicht zum Familiennamen, er ist „nur" persönlicher Namenszusatz des einzelnen Ehegatten.

Abbildung 15: Namen

Verteilung von Aufgaben innerhalb der Ehe

Der Gesetzgeber mischt sich sogar in die Aufteilung von Pflichten im Ehealltag ein. Zwar bestimmen die Eheleute in erster Linie selbst, wie sie im Alltag miteinander leben wollen und wer für welche Aufgaben zuständig ist. Auch wenn es darüber zwischen Eheleuten gelegentlich Streit gibt, so ist doch im Allgemeinen die Verteilung der Aufgaben untereinander meist klar. Trotzdem finden sich im Gesetz einige Regelungsvorgaben, die in den vergangenen Jahrzehnten mehrfachen Änderungen unterworfen waren: Bis vor etwa sechzig Jahren waren der Frau alle Haushaltstätigkeiten allein zugeschrieben. Die berufstätige Ehefrau war die absolute Ausnahmeerscheinung.

Diese Einzelheiten zur **Haushaltsführung** finden sich auch heute noch in den *§§ 1356 Abs. 1 u. 1360 S. 2 BGB*. Hausarbeit und Erwerbsarbeit sind danach gleichberechtigte Leistungen, mit denen zum gemeinsamen Unterhalt beigetragen werden kann. Der Gesetzgeber stuft damit Hausarbeit als absolut gleichwertig mit Erwerbsarbeit ein. Mit *§ 1356 Abs. 2 BGB* wird ausdrücklich beiden Ehepartnern das Recht zugestanden, erwerbstätig zu sein, aber dem Ehemann war es noch bis 1957 erlaubt, die Arbeitsstelle seiner Frau ohne deren Zustimmung zu kündigen.

Pflichtenverteilung in der Ehe
§ 1356 BGB

Prinzip der freien Rollenverteilung:

- **Haushaltsführung:**
  im **gegenseitigen Einvernehmen** regeln, § 1356 Abs. 1, 1. Satz BGB
- beide haben **Recht** auf **Erwerbstätigkeit**, § 1356 Abs. 2 BGB

Abbildung 16: Pflichten der Ehepartner

Finanzielle Auswirkungen

§ 1360 BGB bezieht sich auf den **Familienunterhalt**: Ab dem Zeitpunkt der Eheschließung muss jeder der beiden Eheleute seinen Teil für das Wohl der Familie beitragen. Dieser Unterhalt kann durch eigene „Erwerbsarbeit", mit vorhandenem Vermögen und mit Haushalts-

arbeit geleistet werden. In *§ 1360a Abs. 1 und 2 BGB* wird präzisiert, was zum Familienunterhalt gehört, nämlich die Kosten des Haushalts, die persönlichen Bedürfnisse und der Lebensbedarf der Kinder. Hier stellt sich die Frage, wie das im Einzelnen gemeint ist, wie weit der Umfang der Unterhaltspflicht gehen soll. Wie viel muss einer arbeiten, wie muss der Haushalt geführt werden, muss das ganze Vermögen verbraucht werden oder nur das Existenzminimum gesichert sein? Die Antwort dazu lautet: Jeder muss so viel beitragen, dass der „angemessene Bedarf" der Familie, nämlich das, was „erforderlich" ist, gesichert ist. Je nach persönlichem Lebenszuschnitt, nach gesellschaftlicher Stellung oder einfach den Ansprüchen, die ein Ehepaar an die materiellen Seiten des Lebens hat, muss viel oder wenig gearbeitet, gehaushaltet und aus dem Vermögen ausgegeben werden.

Es stellt sich auch die Frage, ob ein Ehepartner verpflichtet werden kann im Geschäft, im Betrieb oder in der Praxis des anderen mitzuarbeiten. Die Formulierung des *§ 1356 Abs. 2 BGB*, wonach bei Berufstätigkeit „auf die Belange des anderen Ehegatten Rücksicht" zu nehmen ist, führt in dieser Frage nicht weiter. Mit *§ 1360 BGB* wird jedoch jedem Ehegatten die Verpflichtung auferlegt, zum gemeinsamen Lebensunterhalt beizutragen. Ebenfalls lässt sich evtl. aus der allgemeinen Beistandspflicht des *§ 1353 Abs. 1, 2. Hlbs. BGB* eine solche Pflicht zur Mitarbeit beim anderen Ehegatten ableiten. Zudem muss überlegt werden, ob der Ehegatte für diese Arbeitstätigkeit Entlohnung fordern kann. Hatten die Eheleute eine Vergütung vertraglich vereinbart, ist die Sachlage unproblematisch. Liegt eine derartige Vereinbarung nicht vor, bestehen wegen der in den *§§ 1356 u. 1360 BGB* festgehaltenen Grundpositionen, die sich aus dem Ehestand an sich ergeben, kaum Chancen auf Durchsetzung eines Lohnanspruchs.

Eheliche Lebensgemeinschaft heißt nicht, dass den Eheleuten immer alles gemeinsam gehört. Das Gegenteil ist im Allgemeinen der Fall: Jeder gehört ihres – jedem gehört seins.

Einzige gesetzliche Ausnahme bilden **Hausratsgegenstände** (Möbel, Vorhänge, Dekoration, Küchengeräte und -utensilien wie die Waschmaschine, das Fernsehgerät). Bei diesen Dingen, bei allem, was zum Hausrat gehört, unterstellt der Gesetzgeber, dass sie den Eheleuten gemeinsam gehören. Natürlich steht es den Eheleuten frei, etwas anderes zu vereinbaren mit der Folge, dass ihnen alles gemeinsam gehört – darum sind sie „Miteigentümer". Sinnvollerweise sollte eine derartige Vereinbarung schriftlich festgehalten werden, um damit spätere Streitigkeiten darüber zu vermeiden.

Besonders häufig wird dies versäumt bei Autos – der PKW gehört grundsätzlich demjenigen, der im Fahrzeugbrief steht – oder bei Häusern, Eigentumswohnungen – die Immobilie gehört demjenigen, der im Grundbuch steht – und bei Sparvermögen – dieses Geld gehört dem Inhaber des jeweiligen Kontos, Sparbuchs, Fonds usw. Im Streitfall lässt sich im Zweifel nichts nachweisen und damit hat der nicht eingetragene Partner keinerlei Rechtsposition. Die Frage der überwiegenden Nutzung spielt dabei keine Rolle. Geschenke und Erbschaften gehören demjenigen von beiden, der sie geschenkt bekommen oder geerbt hat.

Das **Vermögen**, die Vermögensverhältnisse während der Ehezeit lassen sich wie zwei getrennte Vermögensmassen darstellen. Ein möglicher Ehevertrag *(§ 1408 BGB)* spielt dabei keine Rolle. Zu beachten ist allerdings die Regelung des *§ 1362 BGB*. Nach dieser sogenannten Eigentumsvermutung wird zum Schutz des Gläubigers davon ausgegangen, dass immer alles dem schuldenden Ehegatten gehört. Dies ist aber eine sogenannte „widerlegbare Vermutung". Das bedeutet, der betroffene Ehegatte hat die Chance, das Gegenteil zu beweisen. Er hat danach die Möglichkeit zu erklären, aus welchem Grund die betreffenden Gegenstände alleine ihm gehören. Gehören Dinge den Eheleuten gemeinsam, werden sie mit jeweils zur Hälfte auf einen von ihnen angerechnet.

Alltagsgeschäfte

Die Trennung des Vermögens der Ehepartner bedingt auch, dass keiner von beiden für die Schulden des anderen haften muss. Eine Ausnahme dazu beinhaltet allerdings *§ 1357 BGB*. Bei dieser Regelung geht es im Kern um die Frage, ob Alltagsgeschäfte eines Ehegatten den anderen mitverpflichten, so dass der jeweilige Gläubiger frei ist, wen von beiden er in Anspruch nehmen will. In früheren Jahren war diese Vorschrift bekannt unter dem Begriff „Schlüsselgewalt": Jeder von beiden hat symbolisch „Gewalt" über die Schlüssel des ande-

ren, jeder ist also in die Angelegenheiten des anderen mit einbezogen. Gemeint sind Lebenssituationen wie: Die Ehefrau lässt ihre täglichen Einkäufe bei ihrem kleinen Laden im Ort „anschreiben", die
Rechnungen werden monatlich an den Ehemann zur Bezahlung ge-
schickt oder: Der Ehemann bucht eine teure Kreuzfahrt für sie beide,
obwohl er weiß, dass ihr Geld dann nicht mehr für die dringend notwendige Waschmaschine reicht. Um derartige Fragen beantworten
zu können, muss die differenzierte Regelung des § 1357 genau
durchdacht werden.

Generell gilt ein Rechtsgeschäft immer für und gegen den Ehepartner. Der Gläubiger gewinnt mit ihm einen zusätzlichen Schuldner,
ohne dass ihm dies beim Vertragsabschluss bekannt gewesen sein
muss.

Zum besseren Verständnis der Regelungen sollte man sich in die
Rolle einer Hausfrau versetzen, die ohne eigenes Einkommen und
Vermögen ist und die trotzdem die täglichen Haushaltseinkäufe tätigen muss. Der Verkäufer geht bei ihr aufgrund dieser gesetzlichen
Bestimmung kein Risiko der Zahlungsunfähigkeit ein, denn er weiß,
dass auf der Grundlage von § 1357 BGB der Ehemann die Rechnung
zahlen muss. Die Hausfrau kann also „auf Rechnung" bestellen.
§ 1357 BGB nennt klare Kriterien:

- Die Regelung ist nur auf **Ehegatten** anwendbar. Die Beteiligten
  müssen demnach verheiratet sein und sie müssen auch zusammenleben, § 1357 Abs. 3 BGB. Was also einer der Ehepartner
  nach einer Trennung finanziell anstellt, damit hat der andere nichts
  zu tun, obwohl die beiden weiter verheiratet sind (§ 1567 BGB formuliert, wann man von einer Trennung ausgehen kann).

- Beide Ehegatten sind berechtigt, Geschäfte zur **Deckung des Lebensbedarfs** der Familie durchzuführen. Aus den §§ 1360 S. 1
  und 1360a Abs. 1 BGB kann abgeleitet werden, was im Einzelnen
  zum Lebensbedarf gehört. Es geht um die Deckung des allgemein
  üblichen Grundbedarfs wie Lebensmittel, Heizkosten oder Klei-
  dung. Dazu gehören aber auch Dinge, die eher zu den persönlichen Bedürfnissen zu rechnen sind, wie Kosmetika oder Genuss-
  mittel. Auch der Lebensbedarf für gemeinsame Kinder, wie Kosten für Bildung, Unterhalt oder Erziehung ist ebenfalls Teil des

„Lebensbedarfs der Familie". Nicht dazu gehören Kosten im beruflichen Umfeld oder Vermögensanlagen und ebenfalls die Altersvorsorge. Allgemein sind Geschäfte gemeint, die unter Eheleuten üblicherweise nicht weiter besprochen werden müssen.

- *§ 1357 Abs. 1 S. 1, 1. Hlbs. BGB* stellt außerdem darauf ab, dass es sich um ein **angemessenes Geschäft** handeln muss. Maßstab hierfür ist der äußerlich erkennbare Zuschnitt des individuellen Haushalts, unabhängig davon, ob die Familie möglcherweise über ihre Verhältnisse lebt.

- *§ 1357 Abs. 1 S. 1, 2. Hlbs. BGB* kommt allerdings nicht zur Anwendung, wenn der Ehegatte beim Abschluss eines Geschäfts ausdrücklich erklärt, dies sei kein für seine Familie üblicher Vorgang oder er schließe dieses **Geschäft nur für sich persönlich** ab oder es handle sich um ein Geschenk an einen anderen. Wenn der Verkäufer dies gleichermaßen ohne einen speziellen Hinweis klar erkennen kann, gilt das Gleiche. Bei der Beurteilung von Geschäften größeren Umfangs gestaltet sich diese Auslegung oft problematisch. Jede medizinisch notwendige, dringende Behandlung gilt immer als angemessen. Die Kosten spielen keine Rolle.

- *§ 1357 Abs. 2 BGB* ermöglicht eine weitere Einschränkung der grundlegenden Regel: Der nicht handelnde Ehepartner hat die **Geschäftsführungsbefugnis** des anderen ausdrücklich und wirksam **ausgeschlossen**. Dies muss aber dem Geschäftspartner bekannt sein (können). Die Bemerkung des Ehemanns gegenüber seiner Ehefrau, „für deine weiteren Kleidereinkäufe komme ich nicht mehr auf", kann sicherlich nicht ausreichen. Diese Mitteilung muss für den möglichen Geschäftspartner selbstverständlich zugänglich sein, zum Beispiel durch einen entsprechenden Eintrag im Güterrechtsregister *(§ 1357 Abs. 2 i. V. m. § 1412 BGB)*.

Als *Rechtsfolge* für den Anspruch aus *§ 1357 BGB* bleibt festzuhalten: Ein Ehepartner verpflichtet den anderen mit, beide haften also als **Gesamtschuldner** nach *§ 421 BGB*. Umgekehrt werden beide im Sinne von *§§ 428 und 432 BGB* als **Gesamtgläubige**r mit berechtigt.

Weitere Rechtspositionen

- In den Prozessordnungen der *ZPO* und *StPO* sind für Eheleute spezielle Zeugnis- und Aussageverweigerungsrechte vorgesehen. Damit soll ein Loyalitätskonflikt zwischen ihnen verhindert werden.
- Verschiedene Gesetze haben Auskunftsansprüche geregelt, z. B. wenn ein Ehepartner im Krankenhaus liegt oder wenn er inhaftiert ist. Der andere hat dann einen Anspruch, über die Hintergründe informiert zu werden.
- Eheleute sind untereinander erbberechtigt, sie beerben sich gegenseitig *(§ 1931 BGB und § 1371 BGB)*. Sie können gemeinsam ein Testament erstellen *(§ 2265 ff. BGB)*. Das Erbrecht endet, wenn ein Scheidungsverfahren läuft *(1933 BGB)*.

5.4 BEENDIGUNG DER EHE

Es gibt drei Möglichkeiten, mit denen eine Ehe beendet wird:
- Aufhebung der Ehe (siehe unter 5.3.3),
- Ehescheidung,
- Tod eines Ehepartners.

Eine Annullierung einer Ehe sieht das Bürgerliche Recht nicht vor. Der Begriff kommt aus dem Kirchenrecht und bezieht sich auf die kirchliche Eheschließung. Im kanonischen Recht (katholisches Kirchenrecht) geht es um die Frage nach der Zulässigkeit einer kirchlichen Wiederheirat der nach bürgerlichem Recht geschiedenen Eheleute.

5.4.1 VORAUSSETZUNGEN EINER EHESCHEIDUNG

Eine **Ehe** ist nach *§ 1353 Abs. 1, S. 1 BGB* auf **Lebenszeit** angelegt, sie ist also unauflöslich. Diese grundsätzliche Formulierung entstammt in unserer Gesellschaft einer christlich geprägten allgemeinen Kultur. Dagegen geht nach kanonischem Recht die katholische Kirche von einer völligen Unauflöslichkeit der Ehe aus. Das liberalere evangelische Recht lässt zwar ein Auseinandergehen der Eheleute zu, legt aber generell gleichermaßen eine auf Lebenszeit geschlossene Ehe zu Grunde. An diesen christlichen Vorstellungen orientiert sich grundsätzlich auch der Gesetzgeber. Und trotzdem wurde vom ersten Inkrafttreten des *BGB an* mit der Möglichkeit der **Ehescheidung** schon immer eine Ausnahme vom Grundsatz der Unauflöslichkeit der Ehe angeboten. Das Ehescheidungsrecht unterlag in der Rechtsentwicklung über die Jahrhunderte, entsprechend den gesellschaftlichen, kulturellen Veränderungen, immer wieder einem Wandel. So war beispielsweise im 18./19. Jh. nach Preußischem Landesrecht (1794) die Scheidung einer Ehe nur bei schuldhaften Verfehlungen eines Ehegatten oder bei schwerwiegenden körperlichen oder geistigen Krankheiten des Ehepartners vorgesehen.

Zu Beginn des 20. Jahrhunderts war dann die Scheidung zunächst nur wegen extremer persönlicher Entwicklungen möglich. Ehescheidungsgründe wie:

- widernatürliche Unzucht,
- Ehebruch,
- Verwahrlosung,
- Verlassung,
- Unfruchtbarkeit

und ähnliche Begründungen mussten nachgewiesen werden können. Während der Zeit des Nationalsozialismus galt die Ehe „als Hort für die Nachwuchsproduktion mit deutschem Blut". Folglich konnte eine Ehe bei nachgewiesener Unfruchtbarkeit oder Verweigerung der Fortpflanzung aufgelöst werden. Dies war ebenfalls von Amts wegen möglich. Dieses sogenannte **Schuldprinzip** galt generell in erweiterter Form bis zur grundlegenden **Scheidungsreform** im Jahre **1977**. Bis zu diesem Zeitpunkt musste das Gericht ausdrücklich feststellen, wer von beiden schuld am Scheitern der Ehe war. Für den schuldig Geschiedenen ergaben sich meist erhebliche Rechtsnachteile. So entwickelten sich Gerichtsverfahren zu sogenannten „Schlammschlachten", gespickt mit Verleumdungen und Lügen.

Das 1977 neu geschaffene „**Zerrüttungsprinzip**" gilt bis heute. Es geht von der allgemeinen Lebensweisheit aus, dass zum Streiten immer zwei gehören, dass also beim **Scheitern einer Ehe** nie einer allein die Schuld trägt, sondern immer beide. Der Gesetzgeber hat sich mit diesem rechtlich einfacheren und menschlich zudem angenehmeren Weg richtigerweise an den tatsächlichen gesellschaftlichen

Entwicklungen orientiert. Die generelle Scheidungsbereitschaft ist ständig gestiegen, die Scheidungszahlen gehen seit 1957 bis heute mit derzeitig über 25 % ständig nach oben.

Die rechtlichen Voraussetzungen für eine Ehescheidung finden sich in den *§§ 1564-1568 BGB*. Zerrüttung bedeutet, dass es nicht auf die Schuld der Eheleute ankommt, sondern, dass objektive Maßstäbe zu erfüllen sind, damit es tatsächlich zu einer Ehescheidung kommen kann. Formuliert wird das mit *§ 1565 Abs. 1 S. 1 BGB*, in dem darauf abgestellt wird, ob die Ehe gescheitert ist. Das ist nach *§ 1565 Abs. 1 S. 2 BGB* dann der Fall, wenn die Eheleute nicht mehr zusammenleben und eine Versöhnung nicht prognostiziert werden kann. Die Regeln für eine solche negative Eheprognose stehen in *§ 1566 BGB*. Dafür gibt es wiederum die Legaldefinition in *§ 1567 BGB*: „Die Eheleute leben getrennt," die eheliche Lebensgemeinschaft, die von *§ 1353 BGB* für eine Ehe vorausgesetzt wird, besteht nicht mehr.

Dieses **Getrenntleben** hat eine objektive und eine subjektive Seite. Die objektive Seite formuliert *§ 1567 Abs. 1 S. 1, 1 BGB*: „Die Ehegatten leben getrennt, wenn zwischen ihnen keine häusliche Gemeinschaft mehr besteht ...". Es wird in diesem Zusammenhang oftmals von einer „Trennung von Tisch und Bett" gesprochen. Gemeint ist, die Eheleute wirtschaften und haushalten nicht mehr gemeinsam und ein gemeinsames Sexualleben findet ebenfalls nicht mehr statt. Diese für die Eheleute neue Lebenssituation ist normalerweise dann gegeben, wenn einer von beiden ausgezogen ist und die Veränderung der Lebensform damit nach außen deutlich wird. Die reale Lebenswirklichkeit kann auch anders sein. Es ist durchaus vorstellbar, dass ein Ehepaar in der eigenen Wohnung, den eigenen vier Wänden, getrennt im Sinne von *§ 1567 BGB* lebt. Die Eheleute leben nebeneinander her, sie haben unterschiedliche Zimmer bezogen und sie haben damit die Haushalts- und auch ihre Geschlechtsgemeinschaft aufgehoben, *§ 1567 Abs. 1 S. 2 BGB*. Auch in einem Ein-Zimmer-Appartement ist das faktisch möglich, denn letztlich kommt es für das Getrenntleben nur auf die tatsächliche Veränderung an. Eine irgendwie geartete Registrierung ist nicht vorgesehen.

Die subjektive Seite für das Getrenntleben formuliert *§ 1567 Abs. 1*

S. 1, 1. Hlbs. BGB: „... und ein Ehegatte sie (die häusliche Gemein-schaft) erkennbar nicht herstellen will, weil er die eheliche Lebens-gemeinschaft ablehnt". Zur objektiv feststellbaren Trennung muss also hinzukommen, dass (mindestens) ein Ehegatte mit dem anderen nicht mehr zusammenleben will, weil er sich auf jeden Fall von dem anderen trennen möchte.

Dies festzuhalten und sich klar zu machen ist sehr wichtig. Möglicherweise leben Eheleute objektiv räumlich voneinander getrennt, ohne die Gemeinschaft mit dem anderen abzulehnen. Gründe dafür können verschiedene Berufsorte sein, so dass ein Ehepaar zwangsläufig eine längere Trennung in Kauf nehmen muss. Sie möchten aber irgendwann wieder zusammenleben und fühlen sich selbstverständlich auch in einer längeren Phase weiter Entfernungen in der Ehe gebunden. Auch äußere Umstände können unfreiwillig zu einer Trennung führen, ohne dass die eheliche Verbundenheit endet: Ein Ehepartner wird inhaftiert oder er muss geschlossen stationär untergebracht werden oder er ist in einer Krisenregion verschollen. Hier fehlt der jeweils subjektive Trennungswillen, die Eheleute leben also nicht getrennt im Sinne von *§ 1567 Abs. 1 BGB.*

Der Gesetzgeber stellt weitere Voraussetzungen auf, um die Klarheit einer Trennung der Eheleute zu betonen. Er geht von einer „negativen Eheprognose" aus, das bedeutet eine Trennung ist nur für die Fälle von Relevanz, wenn Wiederherstellung der ehelichen Lebensgemeinschaft nicht zu erwarten steht.

Das Gericht muss also bei seiner Entscheidung eine solche Prognose treffen: Gibt es eine reelle Chance auf Versöhnung? Dabei geht es nicht um die objektive Trennungssituation, sondern um die subjektive Seite, die dahintersteht.

Familienrichter entscheiden nach rechtlichen Kriterien, sie sind keine Psychologen oder Ehetherapeuten. Darum gibt ihnen das Gesetz für diese Entscheidung, ob einem Scheidungsantrag zu entsprechen ist oder ob bei den Eheleuten trotz objektiv vollzogener Trennung doch eine **Versöhnungsmöglichkeit** besteht, Regeln an die Hand. Diese Regeln sind sogenannte gesetzliche Vermutungsregeln.

Sie leiten sich aus allgemeinen Lebenserfahrungen ab und knüpfen an zwei sichtbaren Kriterien an:

- die zeitliche Dauer des Getrenntlebens und
- den geäußerten Willen, die Ehe fortsetzen zu wollen oder nicht.

Da diese Voraussetzungen nur Vermutungsregeln sein können, hat dies zur Folge, dass immer im Einzelfall zu prüfen ist, wie die Prognose für eine Fortsetzung dieser Ehe aussieht. Gelangt das Gericht zu der Überzeugung, diese Ehe hat noch eine Chance, ist die tatsächliche Trennung der Eheleute nicht relevant.

Das Gesetz sieht darum weitere formale Kriterien vor, die genereller Maßstab dafür sein sollen, ob ein Scheitern der Ehe tatsächlich festgestellt werden muss. Es werden konkrete Zeitraster vorgegeben: Dauert die Trennung der Eheleute bereits ein Jahr und beide Ehepartner wollen die Scheidung *(§ 1566 Abs. 1 BGB),* spricht man von einer einvernehmlichen Scheidung. Es handelt sich um die „unwiderlegbare Vermutung", dass es keine Hoffnung auf Versöhnung der Eheleute gibt. Die Ehe wird dann geschieden, ohne dass vor Gericht nach Gründen gefragt wird. Das Einvernehmen der beiden bezieht sich nur auf den Wunsch, geschieden zu werden, nicht auf Streitigkeiten über andere Dinge, die zu regeln sind oder die der Hintergrund für den Scheidungswunsch sind. Diese Form der **einvernehmlichen Scheidung** kommt am häufigsten vor.

Im Gegensatz zur einvernehmlichen Scheidung steht die **streitige Scheidung.** Sie bedeutet ebenfalls die Trennung über ein Jahr, aber nur einer der Ehepartner will die Scheidung wirklich. Dies ist die Form der widerlegbaren Vermutung. Die Ehe wird dann nicht ohne nähere Prüfung als gescheitert angesehen. Es existiert keine gesetzliche Vermutungsregel, die besagt, es gibt keine Hoffnung auf Versöhnung. Es gilt *§ 1565 BGB,* wonach individuell festzustellen ist, ob die in Frage stehende Ehe wirklich gescheitert ist, ob also die Eheprognose negativ oder positiv ist. Dieses Vorgehen erinnert an das frühere Schuldprinzip und führt zu Angstverhalten und Nervenbelastungen für die Eheleute. Oftmals willigt darum der eigentlich scheidungsunwillige Ehegatte quasi gezwungenermaßen in die Scheidung der Ehe ein. Er will verhindern vor Gericht weiteren Belastungen ausgesetzt zu sein.

Ein weiteres Zeitraster benennt *§ 1566 Abs. 2 BGB: „Es wird unwiderlegbar vermutet, dass die Ehe gescheitert ist, wenn die Ehegatten seit drei Jahren getrennt leben."*

Diese unwiderlegbare Vermutung besagt, dass nach einer dreijährigen Trennungszeit die Ehe als gescheitert betrachtet wird. Es besteht eine (verstärkte) Vermutung, dass es keine Hoffnung auf Versöhnung der Eheleute gibt. Damit muss ein Gericht von einer Zerrüttungssituation ausgehen. Die tatsächliche Situation, also ob wirklich beide Ehepartner geschieden werden wollen, spielt für die Entscheidung keine Rolle mehr.

Mit dieser in *§ 1567 BGB* normierten Regelung sollen übereilte Ehescheidungen vermieden werden, vielleicht haben sich die streitbaren Gemüter schon wieder etwas abgekühlt, bevor die ganze Angelegenheit vor Gericht kommt. Es geht dabei letztlich wieder um den Grundgedanken des *§ 1353 BGB*. Die Regelungen der *§§ 1564 ff. BGB* über die **Ehescheidung** bleiben eine **Ausnahme** zu der auf Lebenszeit angelegten Eheplanung.

Aus den *§§ 1565* und *1568 BGB* ergeben sich **Härtefallregelungen** für besondere Ausnahmesituationen. Danach kann eine Ehescheidung erfolgen, obwohl von der Einjahres- bzw. Dreijahresfrist abgewichen wird:

Dauert die Trennung der Eheleute erst weniger als ein Jahr und nur einer der Ehepartner will die Scheidung, dann geht man bei einem zusätzlichen Härtegrund im Sinne von *§ 1565 Abs. 2 BGB* von einer unwiderlegbaren Vermutung in Blick auf ein Scheitern der Ehe aus. Die tatsächliche Ausgangslage muss danach individuell festgestellt werden, nämlich: Ist die Prognose für den Fortbestand der Ehe negativ oder positiv. Das Scheitern muss konkret bewiesen werden und zwar durch einen **Härtegrund,** der in der Person des anderen Ehegatten liegt. Die Rechtsprechung ist nicht einheitlich, aber es haben sich verschiedene „Fallgruppen" entwickelt:

- Gewalt gegen den Ehepartner,
- Sexuelle Beziehungen zu anderen,
- Drogensucht und Alkoholismus in Einzelfällen,
- Verheimlichung ansteckender Krankheiten,
- Straftaten und Inhaftierung nur, wenn sie gegen den Ehepartner oder nahe Angehörige verübt wurden.

Alles Gründe, die bereits in *§ 1314 Abs. 2 Ziff. 1-5 BGB* genannt sind, also Gründe, die zu einer Eheaufhebung führen könnten (vgl. unter 5.3.3).

Nach *§ 1568 BGB* liegt eine unzumutbare Härte in der Tatsache, dass für einen der Ehepartner oder für eines der Kinder eine Scheidung der Eheleute unzumutbar erscheint. Diese Vorschrift kommt kaum noch zur Anwendung, möglicherweise weil mittlerweile eine Trennung von Verheirateten gesellschaftlich „normal" ist und außer der subjektiven Belastung nicht zusätzlich eine äußere Drucksituation für betroffene Kinder oder die geschiedene Ehefrau/den geschiedenen Ehemann entsteht.

Scheidung der Ehe

Voraussetzungen der Ehescheidung, §§ 1564-1568 BGB

Scheidungsgrund, § 1565 Abs. 1 S. 1 BGB: Scheitern der Ehe (Zerrüttungsprinzip)

Legaldefinition des Getrenntlebens, § 1567 BGB:

Trennungszeit 1 Jahr	Scheitern wird unwiderlegbar vermutet: **Beide** Ehegatten beantragen Scheidung (oder der **andere stimmt zu**), § 1566 Abs. 1 BGB
Trennungszeit 3 Jahre	Scheitern wird unwiderlegbar vermutet, § 1567 Abs. 2 BGB
Trennungszeit unter 1 Jahr	**Scheitern ist positiv festzustellen** (Analyse und Prognose), § 1565 Abs. 1 S. 2 BGB **und unzumutbare Härte** nach § 1565 Abs. 2 BGB

Ausnahme nach § 1568 BGB: Besondere Härte für Kind oder Ehegatten

---

Abbildung 17: Scheidung der Ehe

5.4.2 GERICHTSVERFAHREN

Der Ablauf, das **Verfahren einer Ehescheidung** sieht folgendermaßen aus:

Es muss zunächst ein Scheidungsantrag durch einen Rechtsanwalt beim zuständigen Familiengericht eingereicht werden *(§§ 114, 137 FamFG)*. Es besteht also **Anwaltszwang**, der Ehemann oder die Ehefrau können die Scheidung nicht selber beantragen. Ein Rechtsanwalt muss für die Einreichung des Scheidungsantrags beauftragt werden, um eine fachkundige Beratung zu sichern und um gleichzeitig die Gerichte vor vielen unnötigen Details und Fragen der Ehegeschichte, die rechtlich letztlich irrelevant sind, zu schützen.

Oft wollen Eheleute Geld sparen und deshalb die Scheidung mit nur einem Anwalt für beide durchführen. Dies beinhaltet das Problem, dass ein Anwalt rechtlich letztlich nicht beide Seiten eines Rechtsstreites vertreten kann, denn er ist Interessenvertreter nur einer Seite im Prozess. Formal sind Eheleute im Scheidungsverfahren „Gegner" im Prozess (Antragsteller und Antraggegner), der Antragsteller klagt auf Ehescheidung gegen den anderen Ehegatten. Selbst wenn beide Partner bei den Besprechungen dabei sind und sich einig sind, kann der Anwalt nur die Interessen des einen berücksichtigen, er muss einseitig parteiisch sein.

Der offizielle Zeitpunkt für die Beendigung der Ehe ist der Tag, an dem das Scheidungsurteil den beiden Beteiligten zugestellt wird. Dieser Zeitpunkt ist vor allem für die finanziellen Folgeregelungen von Bedeutung.

Das Verfahren der Ehescheidung erfolgt beim Familiengericht, eine besondere Abteilung bei den Amtsgerichten *(§ 23 GVG)*. Dieses Gericht entscheidet durch einen Einzelrichter, der bereits Erfahrung als Richter in der Rechtsprechung haben muss und von dem, zusätzlich zur juristischen Ausbildung, spezielle Weiterbildungsmaßnahmen für Familienrichter vorab durchzuführen sind.

Während des Scheidungsverfahrens werden, im sogenannten Scheidungsverbund *(§ 137 FamFG),* weitere Anträge zur Regelung der Finanzen oder der Sorge für gemeinsame Kinder gestellt. Der Familienrichter bleibt für dieses gesamte Verfahren zuständig, da er die „Geschichte" der Eheleute bereits kennt. Die Ehe soll erst geschieden werden, wenn alle Verfahren im Verbund entscheidungsreif sind. Damit sollen die Beteiligten motiviert werden daran mitzuwirken, dass die Verfahren wirklich beendet werden und nicht endlos weiter gestritten wird.

5.4.3 Auswirkungen der Ehescheidung

In der Trennungsphase

Die vorangegangenen Ausführungen haben verdeutlicht, dass der Anspruch des Gesetzgebers (die Ehe wird auf Lebenszeit geschlossen, § 1353 Abs. 1 BGB) und die Lebenswirklichkeit weit auseinanderliegen. In vielen Fällen gehen Eheleute auf Dauer auseinander. Diese Trennung führt meist zur Scheidung der Ehe. Generell gehen die Menschen trotz ihres Wunsches, mit der Heirat das ganze Leben mit dem Ehegatten zu verbringen, davon aus, dass die Ehe wieder auflösbar ist.

Einer Ehescheidung muss immer eine „offizielle" **Trennungszeit** vorausgehen. Aus diesem Grund hat der Gesetzgeber nicht nur Regelungen für die Zeit nach der Ehescheidung getroffen, sondern für die streitigen Fälle Vergleichbares ebenfalls für die Trennungsphase festgelegt.

Für diesen Fall des Getrenntlebens im Sinne von § 1567 BGB finden sich noch innerhalb der Bestimmungen zum Eherecht (nicht im Zusammenhang mit dem Scheidungsrecht) direkt anschließend an die Regelungen über die Ehewirkungen in den §§ 1361, 1361a, 1361b BGB die Trennungsfolgeregelungen. Sie beziehen sich auf Probleme im Zusammenhang mit **Unterhaltsfragen**, mit der Aufteilung der **ehelichen Wohnung** und den **Haushaltsgegenständen**.

Im Gegensatz zum Familienunterhalt nach § 1360 BGB, an dem beide Ehepartner mitwirken müssen, führt die Trennung zu einem einseitigen Anspruch auf Trennungsunterhalt für den Fall der Bedürftigkeit eines Ehegatten. Bei der Konkretisierung der Einzelheiten verweist § 1361 Abs. 3 BGB auf die entsprechenden Regelungen im Scheidungsfolgenrecht. Gleichzeitig berücksichtigt § 1361 Abs. 1 und 2 BGB, dass die Partner während der Trennungszeit eben doch noch verheiratet sind und möglicherweise letztendlich verheiratet bleiben werden. Deswegen soll nach Möglichkeit die bisherige tatsächliche Lebenssituation der Eheleute berücksichtigt werden. Falls z. B. die Ehefrau bisher nicht erwerbstätig war, aber arbeiten könnte, muss sie nicht sofort nach der vollzogenen Trennung arbeiten gehen. Den Eheleuten wird ausreichend Zeit gelassen, ihre bisherige Lebensgestaltung zu verändern. Bis zum tatsächlichen Urteil über die Scheidung der Ehe oder zumindest bis zum Scheidungsantrag, der erst nach einem Jahr Trennung möglich ist, steht noch nicht eindeutig fest, ob die Ehe tatsächlich gescheitert ist. Die Rechtsprechungspraxis stellt darauf ab, wie lange in einem solchen Fall die Ehefrau nicht erwerbstätig war. Die Noch-Eheleute sollen in Ruhe und unter Aufrechterhaltung ihrer bisherigen Lebensverhältnisse über ihre Entscheidung nachdenken können. Erst im zweiten Trennungsjahr, in dem durch die Länge der Zeit eine Verfestigung des Trennungsgedankens erfolgt und damit die Scheidung wahrscheinlicher und nur noch eine Frage der Zeit ist, werden die Regelungen zum Unterhalt und den Scheidungsfolgeregelungen weiter angenähert.

In Bezug auf die Haushaltsgegenstände bietet der Gesetzgeber nur für den Ausnahmefall Regelungen an. *§ 1361a BGB* stellt in erster Linie auf die Einigungsfähigkeit der Eheleute ab. Nach *§ 1361a Abs. 1 S. 1 BGB* kann jeder Ehegatte den ihm gehörenden (Haushalts-)Gegenstand mitnehmen. Auch hier muss wie immer bei gesetzlichen Vorschriften auch der zweite Satz der gleichen Vorschrift mitgelesen werden: Benötigt der andere Ehegatte diesen Haushaltsgegenstand mehr, soll er ihm überlassen werden. Im Streitfall kommt es nach *§ 1361a Abs. 1 S. 2, 2. Hlbs. BGB* auf die sogenannte Billigkeit an. Dieser Begriff findet sich immer wieder bei gesetzlichen Formulierungen. Er wird nicht weiter konkretisiert, denn es kommt jeweils auf den speziellen Einzelfall an, siehe dazu *§ 242 BGB* mit der Regelung über **Treu und Glauben** (siehe unter 2.5). In diesem Stadium einer Ehekrise wird letztendlich auf die Fairness der Ehepartner untereinander gesetzt. Sie sind noch verheiratet und die eherechtlichen Bestimmungen gelten nach wie vor, so auch der in *§ 1359 BGB* formulierte Gedanke einer **Sorgfaltspflicht** untereinander oder der Hinweis in *§ 1353 Abs. 2, 2. Hlbs. BGB*, wonach die Eheleute **füreinander Verantwortung** tragen. Genau darum geht es auch bei der in *§ 1361a Abs. 1 u. 2 BGB* formulierten „*Billigkeit*". Der allgemeine zivilrechtliche Herausgabeanspruch des Eigentümers nach *§ 985 BGB* wird mit dieser speziellen Bestimmung eingeschränkt. Im Streitfall kann mit Hilfe einer gerichtlichen Entscheidung als Entschädigung eine angemessene Vergütung nach *§ 1361a Abs. 3 S. 2 BGB* für die Benutzung des Gegenstandes festgesetzt werden.

Besonders genaue und damit komplizierte Regelungen stellt der Gesetzgeber für die Nutzung der bisherigen **Ehewohnung** in der Zeit des Getrenntlebens auf, *§ 1361b BGB*. Nur einer der beiden Eheleute kann bei ihrem Auseinandergehen in der bisherigen gemeinsamen Wohnung verbleiben. In dieser Frage erweist es sich meist als besonders schwierig zu einer Einigung zu gelangen, denn derjenige, der ausziehen soll, muss sich auf jeden Fall etwas Neues suchen, Neues aufbauen, er kommt in eine andere Umgebung. Für ihn bleibt es also nicht nur bei der persönlichen Trennung, sondern die Änderung erfolgt quasi „öffentlich", da ein neuer Wohnort äußerlich sofort erkennbar wird. Das Gesetz stellt folglich in *§ 1361b Abs. 1 BGB* erneut auf die Billigkeit ab, also darauf, ob eine unbillige Härte für den, der ausziehen soll, vorliegt. Dabei soll vor allem das bisherige Leben mit den gemeinsamen Kindern nicht beeinträchtigt werden. Befindet sich die Wohnung im Eigentum nur eines Ehepartners, so wird dieser im Zweifel bevorzugt behandelt.

Im Falle von Gewalt während der Ehe gelten die besonderen gesetzlichen Bestimmungen zum Schutz vor Gewalt. Nach *§ 1361a Abs. 2 BGB* besteht eine sogenannte Wohlverhaltenspflicht bei vorangegangener Gewaltanwendung: Dem anderen Ehepartner bleibt in diesem Fall normalerweise die ganze Wohnung überlassen.

Ebenfalls finden bereits geschaffene Fakten Berücksichtigung. Wenn einer der beiden Eheleute schon seit sechs Monaten ausgezogen ist und keine Anzeichen ersichtlich werden, dass er zurückkehren will, dann gilt der allgemeine Lebensgrundsatz: Wer draußen ist, ist draußen!

Bei all diesen Trennungsregelungen bleibt zu beachten: Die Ehe besteht (noch), sie wurde auf Lebenszeit geschlossen und steht als Grundrecht nach *Art. 6 GG* unter dem besonderen Schutz der staatlichen Ordnung.

Nach der Ehescheidung

Erst wenn die Scheidung erfolgt ist, ist die Lebenssituation für die Ex-Eheleute endgültig verändert und die Rechtslage ist jetzt völlig anders zu beurteilen. Mit dem **Scheidungsurteil** wird rechtsförmlich vollzogen, was die beiden betreffenden Personen wollten: Sie haben tatsächlich und damit auch rechtlich nichts mehr miteinander zu tun. Sie gehen ihre Lebenswege jeder für sich, nicht mehr in der Gemeinsamkeit mit dem anderen Ehegatten. Mit Rechtskraft des Scheidungsurteils, also erst wenn die Fristen für eine Berufung abgelaufen sind, ist die Ehe gem. *§ 1564 Abs. 1 S. 2 BGB* aufgelöst. Die in den *§§ 1353 ff. BGB* beschriebene Lebensgemeinschaft wird damit ausdrücklich beendet und es entfällt der grundrechtliche Schutz aus *Art. 6 GG*. Alle **Scheidungsfolgeregelungen** ergeben sich aus diesem Grundgedanken. Die Tatsache, dass der Gesetzgeber überhaupt Regelungen anbietet, beruht auf seinem weiter nachwirkenden staatlichen Schutzauftrag. Jede Ehe, die einmal rechtsgültig war, soll sinnvoll in den weiteren Auswirkungen auch nach einer Scheidung der Ehe begleitet werden.

Bei den Folgen der Ehescheidung sind zwei Bereiche zu unterscheiden:

- Zum einen die Auswirkungen für die (Ex-)Ehegatten untereinander. Dabei geht es vor allem um **finanzielle Dinge** wie Unterhalt *(§§ 1569 ff. BGB)*, Versorgungsausgleich *(§ 1587 BGB)*, Aufteilung des vorhandenen Vermögens *(§§ 1363 ff. BGB)*, der Ehewohnung und des Hausrats *(§§ 1568a und b BGB)*.
- Der zweite Bereich betrifft die rechtlichen Auswirkungen auf das **Eltern-Kind-Verhältnis.** Die elterliche Sorge für die gemeinschaftlichen Kinder bleibt, so wie in *§ 1626 BGB* grundlegend festgehalten, weiterhin bestehen. Es muss nur abgeklärt werden, wo das Kind lebt, wie beide Elternteile mit dem Kind in Kontakt sein können und wie das Leben des Kindes finanziert wird.

Solange sich die Eheleute einig sind, sind sie befugt, alle Fragen ohne die Vorgaben der Gesetze zu regeln. Im Blick auf die Kinder ist es rechtlich nicht relevant, ob die Eltern zusammenleben, getrennt oder geschieden sind. Sie bleiben immer Kinder dieser Eltern und sind damit durch deren Auseinandergehen in besonderem Maße belastet.

Um die unterschiedlichen Interessen der Beteiligten, Ehegatten als Eltern und Kinder, ausgleichend und ohne weitreichende Rechtsstreitigkeiten in den Griff zu bekommen, hat sich für familienrechtliche Angelegenheiten ein besonderes Verfahren entwickelt. Das Familiengericht kann ein **Mediationsverfahren** als eine spezielle Form von Beratung und Hilfe anordnen, *§§ 135, 156, 165 FamFG*. Im positiven Fall endet die Mediation dann mit einer Vereinbarung über die Regelung der offenen Fragen. Auf dieser schriftlichen Grundlage können die beratenden Anwälte einen Vertrag zwischen den Eheleuten formulieren, der zusammen mit dem Scheidungsantrag zu Gericht geht oder bereits vorab vom Notar beurkundet wird, um die Ernsthaftigkeit und Klarheit der Vereinbarung zu verdeutlichen. Speziell für das Scheidungsverfahren wird hier der allgemeine Amtsvermittlungsgrundsatz nach *§ 26 i. V. m. § 127 FamFG* speziell im Scheidungsverfahren eingeschränkt. Nach *§ 128 FamFG* sollen die Eheleute vor Gericht angehört werden. Grundlegend steht nach *§ 36 FamFG* das **familienrechtliche Verfahren** immer unter der Vorgabe eines **Hinwirkens auf eine gütliche Einigung.**

Die auf die Ex-Ehegatten bezogenen Folgen einer Ehescheidung ergeben sich aus den Rechtswirkungen einer Eheschließung nach den *§§ 1353 ff. BGB*. Die Eheleute führen nun keine Lebensgemeinschaft mehr und damit sind die rechtlichen Auswirkungen ihrer Heirat ebenfalls beendet. Mit einigen Ausnahmen allerdings:

Nach *§ 1355 Abs. 5 S. 1 BGB* behalten sie grundsätzlich ihren bisherigen **Ehenamen**. Sie können diesen aber auf ihren Wunsch vom Standesbeamten ändern lassen, *§ 1355 Abs. 5 S. 2 u. 3 BGB*.

Das gleiche gilt für alle **finanziellen Regelungen.** Für den Unterhalt ergibt sich aus *§ 1569 BGB* der Grundsatz der Eigenverantwortung. Letztlich gehen Eheleute auseinander, weil sie nichts mehr miteinander zu tun haben wollen, also soll dann auch jeder für sich selber sorgen müssen. Der Gesetzgeber bietet nur für den Ausnahmefall Regelungen an. Ist ein Ehegatte außerstande, finanziell auf eigenen Beinen zu stehen, finden sich in den nachfolgenden Paragrafen besondere Bestimmungen. Diesen Bestimmungen ist gemeinsam, dass die Unfähigkeit, finanziell für sich selbst auszukommen, einen ehebedingten Hintergrund hat.

Folgen der Ehescheidung

1. **(Ex-)Ehegatten zueinander**
   - Ehe ist mit Rechtskraft des Scheidungsurteils aufgelöst,
     § 1564 Abs. 1 S. 2 BGB
   - Unterhalt: Jeder für sich
     Ausnahmen: §§ 1570 ff. BGB
   - Verteilung des Hausrats und der Ehewohnung,
     §§ 1568a, 1568b BGB
   - Versorgungsausgleich = Ausgleich der Rentenanwartschaften,
     §§ 1587 ff. BGB

2. **Eltern-Kind-Verhältnis**
   - gemeinsame elterliche Sorge bleibt bestehen. § 1626 BGB
   - Kindesunterhalt wird geregelt, §§ 1601 ff.

Abbildung 18: Folgen der Ehescheidung

Ein Ausnahmefall liegt vor, wenn ein Ehegatte nicht alleine für sich sorgen kann, insbesondere

- wegen seines Alters,
- wegen Krankheit,
- wegen Erwerbslosigkeit,
- wegen notwendiger Kinderbetreuung.

Nur in diesen besonderen Situationen soll der andere Ehegatte weiter unterhaltsverpflichtet bleiben; letztlich auch um für den Betroffenen mögliche **ehebedingte Nachteile auszugleichen**, wenn z. B. die Ehefrau ihren Beruf über lange Jahre aufgegeben hatte, um ganz für die Familie da zu sein. In den *§§ 1570 ff. BGB* findet sich ein abgeschlossener Katalog von **Fallkonstellationen**. Unter bestimmten Voraussetzungen ist dem Ehegatten eine Erwerbstätigkeit nicht zumutbar, nämlich nach *§ 1570 BGB*

- wegen der **Betreuung eines gemeinsamen Kindes**. Es geht im Allgemeinen um den Zeitraum von drei Jahren ab der Geburt des Kindes. Verlängerungsmöglichkeiten sind vorgesehen für Fälle, in denen das Kind aus besonderen Gründen, wie bei speziellem Förderungsbedarf oder besonderen Erkrankungen, weiterer intensiver familiärer Betreuung bedarf. Zur Entscheidung über diese Frage wird auch auf die tatsächlichen Kinderbetreuungsmöglichkeiten abgestellt und auf die bisherige individuelle Gestaltung der Ehe, § 1570 Abs. 2 BGB.

- In den §§ 1571, 1572 BGB sind die Voraussetzungen festgehalten, unter denen der geschiedene Ehegatte wegen seines **Alters** oder wegen **Krankheit** weiterhin Unterhaltszahlungen erhalten kann. Bei der Entscheidung über diese Frage wird klar auf den Zeitpunkt der Ehescheidung abgestellt. Danach aufgetretene Krankheiten sind nicht von Relevanz. Der bisherige Ehepartner kann dafür nicht mehr „haftbar" gemacht werden.

- Eine weitere Sonderregelung findet sich in § 1576 BGB. Hier ist ein Unterhaltsanspruch für den Geschiedenen aus **Billigkeitsgründen** vorgesehen, wenn nämlich aus schwerwiegenden Gründen die Versagung von Unterhalt *grob unbillig* wäre, § 1576 BGB.

- Ist der frühere Ehegatte arbeitslos, bietet ihm § 1573 BGB sehr detaillierte Regelungen an, wann ihm ein Unterhaltsanspruch zusteht, obwohl ihm eine Erwerbstätigkeit durchaus zumutbar ist.

- Dem geschiedenen Ehegatten können auch die Kosten für eine Aus- oder Fortbildung oder eine Umschulung seines geschiedenen Partners auferlegt werden. Damit soll erreicht werden, dass der andere anschließend wieder unter zumutbaren Voraussetzungen erwerbstätig sein kann.

Natürlich kann Unterhalt nur von demjenigen bezahlt werden, der tatsächlich dazu in der Lage ist. Das bedeutet, er muss im Sinne von § 1581 BGB **leistungsfähig** sein. Deshalb muss für ihn ein angemessener Selbstbehalt, bemessen nach seinem notwendigen Eigenbedarf, verbleiben. In diesem Paragrafen wird auch genau festgelegt, inwieweit der Geschiedene sein Vermögen in die Zahlungsverpflichtung mit einbeziehen muss.

Das *Maß*, also die **Höhe des Unterhalts**, orientiert sich nach § 1578 BGB an den bisherigen ehelichen Lebensverhältnissen, also an den jeweiligen Einkommensverhältnissen der Eheleute. Der Gedanke hinter dieser Regelung ist das Bestreben, dem Geschiedenen, der nun Unterhalt vom Ex-Ehegatten erhält, die Chance zu belassen, auch nach der Ehe auf gleichem Niveau wie bisher leben zu können. Die Rechtsprechung geht bei der Berechnung der Unterhaltshöhe nicht von einer hälftigen Teilung aus, sondern sie belässt demjenigen, der Unterhalt bezahlen soll, einen höheren Anteil. Allerdings gibt es auch zu diesen Regelungen einige Ausnahmen, *§§ 1578a, 1578b BGB*. Diese Paragrafen sind erst später zum Gesetzbuch hinzugefügt worden. Dies ist bereits aus den jeweiligen Bezeichnungen *„a"* und *„b"* ersichtlich. Nach diesen Regelungen ist es möglich, den Unterhaltsanspruch des Geschiedenen herabzusetzen oder zeitlich zu begrenzen. Zusätzlich führt *§ 1579 BGB* insgesamt acht konkrete Gründe auf, wie:

- kurze Dauer der Ehe;
- gravierende strafrechtlich relevante Verfehlungen des berechtigten Ehegatten;
- eine mutwillige Herbeiführung der Bedürftigkeit;
- auch schwerwiegendes Fehlverhalten wird als genereller Grund angeführt. Von Gerichten wurde beispielsweise die Tätigkeit als Prostituierte oder die Verhinderung des Umgangsrechts mit einem gemeinsamen Kind durch den Leistungsverpflichteten als ein solches Fehlverhalten angesehen.
- Für alle in *§ 1579 Ziff. 1-7 BGB* nicht aufgeführten Fallsituationen enthält *§ 1579 Ziff. 8 BGB* eine noch allgemeiner formulierte Auffangposition, wenn nämlich *„ein anderer Grund vorliegt"*, der in etwa den in den Ziffern 1-7 aufgezählten Gründen entspricht.

Insgesamt gesehen bedeutet dies, dass die Verpflichtungen, nach der Scheidung an den Ex-Ehepartner Unterhalt zu zahlen, sehr eingeschränkt sind und dass umgekehrt der geschiedene Ehegatte nur geringe Chancen auf finanzielle Unterstützung hat. Zusätzlich enthalten die Regelungen über die **Rangfolge bei mehreren Unterhaltsberechtigten** in *§ 1609 BGB* für den unterhaltsberechtigten geschiedenen Ehegatten weitere Einschränkungen.

Als Ergebnis kann festgehalten werden, dass sich auch der Ehegatte, der die Erziehung der Kinder und die Haushaltsführung während der Ehezeit voll übernommen hatte, keineswegs sicher sein kann, eines Tages im Scheidungsfall Unterhalt zu erhalten.

Zu den sonstigen Folgen einer Ehescheidung gehören zudem die Verteilung des **Hausrats und der Ehewohnung**, *§§ 1568a u. b BGB*. Von den Haushaltsgegenständen (Hausrat) behält jeder das, was ihm gehört. Nach dem aber auch hier anzuwendenden Grundsatz der Billigkeit wird so wie in der Trennungszeit auch (siehe in diesem Kapitel weiter vorne) bei einer Entscheidung über diese Frage mitberücksichtigt, ob einer von den Ehegatten einen Gegenstand auch nach der Ehezeit besonders benötigt.

Über den **Versorgungsausgleich** nach *§ 1587 BGB* sollen die während des Bestehens der Ehe bereits erarbeiteten Renten, Pensionen und Altersversicherungen in eine gleichmäßige Verteilung unter den Ex-Ehegatten kommen. Damit soll die mögliche Schlechterstellung für den Ehepartner vermieden werden, der aus welchen Gründen auch immer während der Ehe-Phase nur eingeschränkt oder geringer bezahlt beschäftigt war.

Jedes einzelne erworbene Anrecht wird zwischen den Eheleuten geteilt. Auch hier spielen wieder Billigkeitsgründe eine Rolle, wenn z. B. die Ehe nur von sehr kurzer Dauer – bis zu drei Jahren – war.

Mit der Scheidung der Eheleute wird auch ihr bisheriger **ehelicher Güterstand beendet** und es erfolgt damit ein entsprechender Ausgleich des Gesamtvermögens der Ehegatten, *§§ 1363 Abs. 2 S. 2, 1372 ff. BGB*. Beim Güterstand geht es um die Zuordnung der Güter, er bezieht sich also auf das Vermögen und das Eigentum der Eheleute, das während ihrer Ehezeit angesammelt wurde. Im Rahmen des gesetzlich vorgesehenen **Güterstands der Zugewinngemeinschaft** – er ist vom Gesetz vorgesehen, wenn die Eheleute nichts anderes festlegen – erfolgt nach Beendigung der Ehe entsprechend den *§§ 1363 ff. BGB* der **Zugewinnausgleich**. Das bedeutet, jedes Ehepaar kommt mit dem Ja-Wort bei der Hochzeit automatisch in diesen Güterstand der Zugewinngemeinschaft.

In einem **Ehevertrag** – er kann vor der Eheschließung oder auch während der Ehe abgeschlossen werden – können die Ehepartner auch andere Formen des Güterstandes vereinbaren. Der Ehevertrag kann nur von beiden Ehepartnern gemeinsam vor einem Notar abgeschlossen werden, *§ 1410 BGB*. Üblicherweise wird eine Gütertrennung nach *§ 1414 BGB* vereinbart. Letztlich machen allerdings nur etwa 5 % der Eheschließenden von dieser Möglichkeit Gebrauch. Für besondere, für die Soziale Arbeit nicht relevante Lebenssituationen ist zusätzlich die Form der Gütergemeinschaft vorgesehen *§§ 1415 ff. BGB*.

Gütertrennung hat zwei Vermögensbereiche zur Folge. Es gibt nunmehr das Vermögen des Mannes, das der Frau und ein gemeinsames Vermögen von beiden. Kommt es dann zu einer Scheidung, nimmt der Mann sein Vermögen mit und die Frau ihres. Das gemeinsame Vermögen wird 50 % zu 50 % geteilt.

Gütertrennung ist vor allem Eheleuten zu empfehlen, die finanziell unabhängig sind und es auch während der Ehe bleiben wollen. Für die Lebenssituation, in der einer von beiden wegen der Kindererziehung zu Hause bleibt, also nicht berufstätig wird und damit auf eigenes Einkommen verzichtet, ist immer der gesetzliche Güterstand, also die Zugewinngemeinschaft, vorzuziehen. Diese Regelung ist genau für diese Lebensplanung entwickelt worden: Die nicht berufstätige Frau soll geschützt werden, weil sie für ihr Kind auf eigene Erwerbstätigkeit und damit die Möglichkeit, Vermögen aufzubauen, verzichtet. Die nichterwerbstätige Frau soll durch diese Zugewinngemeinschaft entschädigt werden, eine für die klassische „Hausfrauenehe" durchaus sinnvolle und gerechte Regelung. In diesen Lebenssituationen kommt der Durchführung des Zugewinnausgleichs im Streitfall, also bei einer Auseinandersetzung im Scheidungsverfahren, eine existentielle Bedeutung zu.

Während der Ehe bewirkt die Zugewinngemeinschaft letztlich genau das Gleiche wie die Gütertrennung: Es existiert ein Vermögen des Mannes und ein Vermögen der Frau und zusätzlich das Vermögen, das einer von ihnen während der Ehe erwirbt und das ihnen zu je 50 % zusteht. Erst bei der Beendigung der Ehe wird der *Zugewinn* nach den Vorschriften der *§§ 1363-1390 BGB* ausgeglichen. Bei Trennung und Scheidung behält nicht jeder seines, sondern es wird genau ermittelt, wann welcher Teil des Vermögens von Mann oder Frau in der Ehe erwirtschaftet wurde. Dies ist dann der *Zugewinn*, der hälftig unter beiden aufgeteilt wird. Die Ermittlung dieses Zugewinns erweist sich oft als schwierig. Sie erfolgt in verschiedenen Schritten. Als Erstes wird für jeden Ehepartner einzeln sein Zugewinn ermittelt. Nach jahrzehntelanger Vermischung der Finanzen muss er im Einzelnen nachweisen, was er am Tag der Eheschließung an Vermögen besaß, dies ist dann das *Anfangsvermögen*. Ebenso muss am Ende der Ehe – maßgeblich ist der Tag der Zustellung des Scheidungsantrags – das jeweilige Vermögen bilanziert werden, dies ist dann das *Endvermögen*. Hierbei liegen die Probleme zum einen in der Zuordnung – wem gehört was? – und in der Bewertung – wie viel ist das alte Auto noch wert oder das Wochenendhaus, der gebrauchte Computer? Aus solchen Fragen ergeben sich für die auseinandergehenden Eheleute vielfache Streitpotentiale.

In einem zweiten Schritt wird der Zugewinn beider Partner miteinander verglichen. Vom Endvermögen wird das Anfangsvermögen abgezogen und daraus errechnet sich der Zugewinn. Dieser wird unter den Eheleuten hälftig geteilt. Das beinhaltet, dass der Partner mit dem höheren Zugewinn die Hälfte des Gewinnüberschusses an den anderen abtreten muss, *§ 1378 BGB*. Der Teil, den einer der beiden geerbt oder geschenkt bekommen hat, wird zum Anfangsvermögen hinzugerechnet. Hat dieser Vermögensteil aber einen Wertzuwachs im Laufe der Ehezeit erlebt, dies könnte bei einem Haus oder bei Wertpapieren der Fall sein, dann wird dieser Wertzuwachs ebenfalls als Zugewinn angesehen, *§ 1374 Abs. 2 BGB*. Die Bewertung eines solchen Wertzuwachses ist ebenfalls nicht selten Grundlage für langwierige gerichtliche Auseinandersetzungen unter den Eheleuten.

Für Schulden seines Ehepartners haftet der andere grundsätzlich nicht. Es sei denn, er hat den Kreditvertrag, die Bestellung oder den Kaufvertrag selbst mitunterschrieben. Dann haftet er nur als Vertragspartner des Gläubigers, nicht in der Eigenschaft als Ehepartner. Der bereits bei den Folgen der Eheschließung besprochene *§ 1357 BGB* beinhaltet wegen der besonderen Lebensbeziehung von Eheleuten für Alltagsgeschäfte eine Ausnahme dazu (siehe unter 5.3.4).

§ 1374 Abs. 3 BGB legt außerdem fest, dass die eigenen Schulden eines Ehegatten nach der Scheidung vom Vermögen abgezogen werden und damit dem Anfangsvermögen zugerechnet werden können.

Bei der Aufteilung des Vermögens nach einer Ehescheidung wird wie beim Versorgungsausgleich auf eine gleichmäßige, gerechte Verteilung zwischen den Eheleuten geachtet. Bei der Vermögensberechnung fällt nach *§ 1375 Abs. 2 BGB* auch ins Gewicht, wie der jeweilige Ehegatte mit seinem Vermögen während der Ehe hantiert hat, ob er etwa *„verschwenderisch"* war.

Diese im Zusammenhang mit dem Scheidungsverfahren auftretenden notwendigen Regulierungsfragen können sich wegen finanzieller Details, aber auch wegen der persönlichen Betroffenheit von Eheleuten durch deren enge menschliche Beziehung und Bindung häufig als sehr langwierig und für die Beteiligten zermürbend gestalten.
Auch deswegen wurde mit § 36 Abs. 1 S. 2 FamFG festgelegt, dass
das Familiengericht während des gesamten Verfahrens immer auf
eine gütliche Einigung der Beteiligten hinwirken soll. Das Gericht hat
dabei sogar die Möglichkeit, die Entscheidung über das Scheidungs-
begehren insgesamt so lange auszusetzen, bis eine sinnvolle Einigung erzielt werden konnte.

Güterstände

Gesetzlicher Güterstand: Zugewinngemeinschaft, §§ 1363-1390 BGB
(gilt auch für während der Ehe erworbenes Vermögen)

- während des Güterstandes: Verpflichtungs- und Verfügungs-
  beschränkungen, §§ 1365, 1369 BGB
- am Ende des Güterstandes: Zugewinnausgleich, §§ 1371 ff. BGB

**Vertraglicher Güterstand: §§ 1408 ff. BGB,
insbes. Gütertrennung, § 1414 BGB**

- während des Güterstandes: keine Beschränkungen
- am Ende des Güterstandes: kein Ausgleich
- Es sind auch „Mischformen" mit individuellen Vereinbarungen
  möglich

Abbildung 19: Güterstände

5.5 ANDERE PARTNERSCHAFTSFORMEN

In unserer Gesellschaft gibt es neben der bürgerlichen Ehe weitere
Formen von Lebensgemeinschaften. Wir sprechen in diesem Zusammenhang von nichtehelichen Lebensgemeinschaften oder von sogenannten eheähnlichen Gemeinschaften. Die Beteiligten leben zwar
zusammen, sie verzichten aber auf die Verrechtlichung ihrer Beziehung. Sie wollen aus sehr unterschiedlichen, aus ganz persönlichen

Gründen rechtlich unverbindlich zusammenleben. Das Bundesverfassungsgericht bezeichnet diese **nichteheliche Lebensgemeinschaft** als eine *„auf Dauer angelegte Beziehung zwischen Mann und Frau"*, die sich *durch innere Bindung der beiden auszeichnet und die ein gegenseitiges Einstehen der Partner füreinander begründet, die also über die Beziehung in einer reinen Haushalts- und Wirtschaftsgemeinschaft, wie sie in einer reinen Wohngemeinschaft üblich ist, hinausgeht* (vergl. *BVerfGE 87, 265*). Bereits durch das *Lebenspartnerschaftsgesetz* von 2011 und danach mit der Neufassung von *§ 1353 BGB* (siehe dazu 5.3.2) hat sich die Rechtslage verändert, so dass heute alle Paarbeziehungen, die der vom *BVerfG* beschriebenen Lebensform entsprechen, als nichteheliche Lebensgemeinschaft bezeichnet werden können. Im *BGB* finden sich **keine Rechtsvorschriften,** die sich ausdrücklich auf das Verhältnis nicht miteinander verheirateter Personen beziehen.

Ausgenommen davon sind Regelungen in Bezug auf **gemeinsame Kinder.** Diesbezüglich ist festzuhalten:

- Ein gemeinsames Sorgerecht von nicht miteinander verheirateten Eltern ist möglich, nämlich dann, wenn sie einander doch heiraten oder wenn sie eine gemeinsame *Sorgeerklärung für das Kind* abgeben, *§ 1626a BGB*.
- Nach *§ 1615l Abs. 1 BGB* hat die Mutter einen Anspruch gegenüber dem Vater auf Übernahme der Entbindungskosten und auf Unterhalt für einen Zeitraum von sechs Wochen vor und acht Wochen nach der Geburt.
- Gemäß *§ 1615l Abs. 2 BGB* wird dieser Unterhaltsanspruch auf vier Monate vor und für mindestens drei Jahre nach der Geburt ausgedehnt, wenn die Mutter auf Grund einer schwangerschaftsbedingten Krankheit nicht in der Lage ist, einer Erwerbstätigkeit nachzugehen oder ihr dies im Hinblick auf die Kinderbetreuung nicht zumutbar ist.
- Außerdem besteht für jeden Elternteil ein Umgangsrecht mit dem Kind, *§§ 1684 Abs. 1 BGB*.

Für die auf Dauer zusammenlebenden Paare selbst besteht keinerlei Rechtssicherheit, das bedeutet, bei einer **Beendigung ihres Zusammenlebens** entstehen

- keine Unterhaltsansprüche,
- kein Ausgleich der gegenseitig erbrachten Leistungen,
- kein Ausgleich von Vermögenszuwächsen (Zugewinnausgleich).

Im Streitfall gelten die nur allgemeinen Vorschriften des Bürgerlichen Rechts, nicht die speziellen Regelungen im Eherecht. Das bedeutet, Paare in nichtehelichen Lebensgemeinschaften können und sollten spezielle Verträge abschließen, um sich für den Problemfall gegenseitig abzusichern und Ungerechtigkeiten, Nachteile, die durch ein langes partnerschaftliches Zusammenleben entstanden sein können, damit auszugleichen.

Wenn Paare, die dauerhaft zusammenleben, in rechtliche Beziehungen zu Dritten treten, stellt sich die Frage, ob diese eher wie Eheleute oder wie nichteheliche Lebenspartner zu behandeln sind. Bei Mietverträgen, Darlehensverträgen und Versicherungsverträgen können sie wie Ehepartner auftreten; es erfolgt allerdings keine völlige Gleichstellung mit Eheleuten. Beim Zeugnisverweigerungsrecht nach § 383 Abs. 1 Nr. 1 ZPO und § 51 Abs. 1 Nr. 1 StPO, im Erbrecht beim gemeinschaftlichen Testament, §§ 2265 ff. BGB, im Steuerrecht, bei der Witwenrente, § 1587 BGB, werden dauerhaft zusammenlebende Paare nicht mit einbezogen. Paare, die in einer nichtehelichen Lebensgemeinschaft zusammenleben, sollten daraus die Konsequenz ziehen und für alle Rechtsbereiche extra Verträge abschließen, um zu verhindern, dass sie bei einem möglichen Auseinanderbrechen ihrer Beziehung ohne Rechtsansprüche dastehen. Sie könnten Regelungen treffen über:

- Unterhaltsleistungen und Lebensversicherungen,
- Umgangsrecht für gemeinsame Kinder,
- Begleichung von evtl. fortwirkender finanzieller Verpflichtungen,
- Verbleib in der gemeinsamen Wohnung,
- Aufteilung des Hausrats,
- Testament zur Regelung der Erbfolge.

Einige Rechtspositionen gelten nur für Eheleute, sie können also **nicht in** einen **Partnerschaftsvertrag** übernommen werden, dazu zählen:

- Gemeinsamer Name,
- Recht, Geschäfte zur Deckung des Lebensbedarfs mit Wirkung für den Anderen zu schließen, § 1357 BGB,

- Öffentlich-rechtlicher Versorgungsausgleich,
- Steuerliche Privilegien (Ehegattensplitting, Erbschaftssteuer),
- Gesetzliche Krankenversicherung und Altersversorgung.

Einige Rechtsregelungen allerdings, die ursprünglich nur für Ehepartner galten, finden inzwischen auch Anwendung bei Paaren, die in einer eheähnlichen Beziehung leben. Bei der Prüfung, ob ein Anspruch auf Sozialleistungen besteht, wird auch das Einkommen und Vermögen des Partners mit eingerechnet, um damit finanzielle Belastungen der Staatskasse zu vermeiden, *§ 9 Abs. 2 SGB II i. V. m. § 7 Abs. 3 Nr. 3c oder § 20 SGB XII*. Die entscheidende Behörde muss also zunächst prüfen, ob ein Antragsteller in einer eheähnlichen Gemeinschaft lebt. Dabei hat das *BVerfG* in seiner oben angeführten Definition zur *ehelichen Lebensgemeinschaft* auch auf die innere Einstellung der Partner und auf ihre Motivation zum Zusammenleben abgestellt. Die zuständige Sozialleistungsbehörde kann sich bei der Prüfung natürlich nur an äußeren Indizien orientieren, was zwangsläufig zu einem Übergriff auf die Privatsphäre der beteiligten Personen führen kann. Der Gesetzgeber stellt deshalb die **Vermutung** an, dass eine **eheähnliche Gemeinschaft** immer dann besteht, wenn Paare

- mit einem Kind zusammenleben,
- wenn sie bereits länger als ein Jahr in einer Gemeinschaft leben,
- wenn sie Angehörige im Haushalt gemeinsam versorgen,
- wenn sie über das Einkommen oder das Vermögen des anderen Partners verfügen können.

Liegen solche Voraussetzungen vor, ist jeweils der Antragsteller verpflichtet, den Gegenbeweis anzutreten.

Alles in allem: Die Lebensform einer nichtehelichen Lebensgemeinschaft ist letztlich nur privat von Relevanz. Der Gesetzgeber will damit nichts zu tun haben. Er müsste sonst Regelungen treffen, die über die Grundrechtsbestimmungen von *Art. 6 GG* hinausgehen.

5.6 Eltern und Kinder

Zu den Rechtsfragen, in Bezug auf die familienrechtlichen Rechtsbeziehungen, gehört als Kernbereich auch die Rechtsstellung von Eltern

und Kindern innerhalb des gesamten Familiengefüges. Grundlegen-
des wurde dazu bereits unter 5.2.3 und 5.2.4 dargelegt.

Im Verhältnis zwischen Eltern und ihren Kindern geht es um folgende **Rechtsfragen:**

- Wer sind die Eltern eines Kindes?
- Welche Rechte und Pflichten bestehen zwischen Eltern und Kin-
  dern?
- Wer hat in welchen Fällen die elterliche Sorge und ein Umgangs-
  recht mit dem Kind und was bedeutet das?
- Welchen Namen erhält ein Kind?
- Wer kommt für den Unterhalt des Kindes auf, also wer finanziert
  seinen Lebensalltag?
- Wie gestalten sich die erbrechtlichen Beziehungen?

Diese Fragen können hier nicht alle vertiefend angesprochen werden.
In dem nachfolgenden Überblick erhalten Sie konkrete Hinweise auf
die einschlägigen rechtlichen Vorschriften. Außerdem verweisen wir
auf die vertiefende Literaturzusammenstellung am Ende des Buches.

Unter 5.6.1 und 5.6.2 solllen nur die grundlegenden Begriffe erläutert werden.

Rechtsstellung eines Kindes

- **Abstammung** (Status eines Kindes)
  §§ 1591-1600e, 1754, 1755 BGB
- **Elterliche Sorge** und Umgangsrecht
  §§ 1626-1698b, 1712-1717, 1754, 1773-1895, 1909-1921 BGB
- **Name, Wohnsitz, Staatsangehörigkeit**
  §§ 1616-1618, 1757; §§ 11 BGB, §§ 3-6 StAG
- **Unterhalt**
  §§ 1589, 1601-1615, 1615n, 1754, 1755 BGB
- **Erbrecht**
  §§ 1922-2385, 1754 BGB

Abbildung 20: Rechtsstellung eines Kindes

5.6.1 Mutter und Vater

Eltern eines Kindes sind grundsätzlich seine Mutter und sein Vater. **Mutter,** so formuliert es *§ 1591 BGB* genau, *„ist die Frau, die es geboren hat".* Man könnte ironisch auf den ersten Blick fragen, musste der Gesetzgeber das nun auch noch festlegen? Dieser Paragraf wurde im Jahre 1998 neu formuliert, um zwischenzeitlich aufgetretene Unklarheiten rechtlich klarzustellen. Die gesetzliche Regelung stellt auf das Faktum der Geburt ab. Der Gesetzgeber trägt damit der selbstverständlichen biologischen Tatsache Rechnung, dass jede Frau in der Zeit der Schwangerschaft eine körperliche und psychische Bindung zu dem Kind entwickelt. Darum soll sie auch im Rechtssinne als die Mutter dieses Kindes gesehen und behandelt werden und zudem die notwendige Verantwortung für das Kind übernehmen. Damit erfolgt gleichzeitig eine Klarstellung in Blick auf die *Leihmutterschaft,* also in Bezug auf eine Mutter, die den Embryo für eine andere Frau austrägt. Im Rechtssinne wird sie als Mutter eingeordnet. Entsprechend ist, nach den besonderen Regelungen im *Embryonenschutzgesetz,* jede Form von Leih- oder Ersatzmutterschaft verboten, *§ 1 ESchG* und *§§ 13a ff. AdvermG.*

Komplizierter sind die Regelungen über die rechtliche **Vaterschaft.** Der biologische Vater ist nicht selbstverständlich auch rechtlich der Vater. Die Rolle des Vaters bei der Entwicklung eines Kindes beschränkt sich auf den Vorgang der Zeugung, bei dem keine weitere Person beteiligt ist. Bei einem Geschlechtsakt ist noch nicht unmittelbar erkennbar oder feststellbar, ob dieser konkrete Vorgang zur Entstehung des Kindes geführt hat. Es könnten auch andere Geschlechtsbeziehungen sein, die am gleichen oder an anderen Tagen, innerhalb eines biologisch nur in etwa definierbaren Zeitfensters, zum Beginn der Schwangerschaft dieses einen Kindes geführt haben.

Der Gesetzgeber zieht aus dieser unklaren Situation den Schluss, die Vaterschaft fiktiv zu definieren und stellt dabei auf verschiedene Lebenssituationen ab. Nach *§ 1592 Ziff. 1 BGB* wird der Ehemann der Mutter in Anlehnung an *Art. 6 Abs. 1 GG,* zum rechtlichen Vater des Kindes. Es spielt dabei keine Rolle, ob er wirklich der biologische Vater des Kindes ist. Da Ehe und Familie nach *Art. 6 GG* unter besonderem staatlichen Schutz stehen (siehe unter 5.2.1), wird für das Kind, das während einer bestehenden Ehe geboren wird, der rechtliche Schutzschirm über diese Familie gebreitet. Nur wenn der Ehemann selbst von seiner letztlich fiktiven Position als Vater befreit werden möchte, besteht für ihn die Möglichkeit einer Anfechtung, *§ 1600 BGB*.

Ist die Mutter nicht verheiratet, hat es der Mann, der möglicherweise der Vater ist, selbst in der Hand, diese Vaterschaft rechtlich anzuerkennen. Nur wenn sich kein Mann zu dem Kind bekennt, ist der Weg frei für eine gerichtliche Feststellung der Vaterschaft, *§ 1592 Ziff. 3 BGB*.

§ 1598a BGB enthält eine Sonderfallregelung. Danach besteht für mehrere Beteiligte (Vater, Mutter, Kind) die Möglichkeit einer **genetischen Abstammungsuntersuchung**. Diese dient aber lediglich der Klärung der leiblichen Abstammung. Sie entfaltet keinerlei unmittelbare Rechtswirkung.

Die weiteren Einzelheiten zur rechtlichen Vaterschaft finden sich in den *§§ 1593-1600d BGB*.

Verwandtschaft, §§ 1589 ff. BGB			
Abstammung	Unterhalt	Verhältnis Eltern-Kinder	Adoption
§§ 1591 ff. BGB	§§ 1601 ff. BGB §§ 1626 ff. BGB	§§ 1616 ff. BGB	§§ 1741 ff. BGB

Abbildung 21: Verwandtschaft

5.6.2 RECHTE UND PFLICHTEN DER ELTERN

Die wichtigste Rechtsbeziehung zwischen Eltern und Kindern, nämlich das, was die **elterliche Sorge** beinhaltet, ist in den *§§ 1626 ff. BGB* detailliert dargelegt. Dort wird genau definiert, was die elterliche Sorge im Einzelnen ausmacht. Sie besteht aus der Personensorge, geregelt in den *§§ 1631 ff. BGB* und der Vermögenssorge, *§§ 1638 ff. BGB*. Für Tätigkeiten in Berufsfeldern der Sozialen Arbeit liegt der *Kernbereich* in der **Personensorge**.

Im Allgemeinen steht die *elterliche Sorge* den Personen zu, die im Rechtssinne die Eltern sind, *§§ 1591, 1592 BGB.* Der Gesetzgeber unterscheidet erneut danach, ob die Eltern miteinander verheiratet sind oder ob sie nicht oder nicht mehr miteinander verheiratet sind. Zusätzlich wird auf das Interesse des Kindes, also auf sein Wohl abgestellt. Für die Fälle, in denen die Ausübung der *elterlichen Sorge* durch einen Elternteil diesem Kindeswohl zuwiderläuft, kann die Ausübung der *elterlichen Sorge* durch diesen Elternteil und die damit verbundene Einflussnahme auf die Entwicklung des Kindes begrenzt werden. Die Regelungen hierzu finden sich im Einzelnen in den *§§ 1666 ff. BGB.*

Zum Fragekomplex der *elterlichen Sorge* gehören ebenfalls die Regelungen zum **Umgangsrecht,** *§§ 1684 ff. BGB.* Hier stellt der Gesetzgeber in erster Linie auf die Rechtsposition, auf den Rechtsanspruch des Kindes gegenüber seinen Eltern und anderen familiären oder sozialen Bezugspersonen ab. Dieser Rechtsanspruch auf Kontakt mit dem genannten Personenkreis – gemeint sind das Sich-Sehen, das Miteinander-Sprechen und jede sonstige Form von Kommunikation, wie Telefonate, SMS, E-Mails, Briefe – bedingt umgekehrt eine Pflicht der betroffenen Person, diesem Umgangsanspruch nachzukommen.

Bei all diesen Fragen ist nach dem Willen des Gesetzgebers, wieder angehängt an die entsprechenden verfassungsrechtlichen Grundlagen, das **Kindeswohl** immer besonders zu berücksichtigen. In mehreren Paragrafen wird in diesen Zusammenhängen expliziert jeweils auf dieses Kindeswohl abgestellt. Zusätzlich enthält *§ 1697a BGB* den Hinweis für *„das Gericht"*, also das Familiengericht (siehe dazu im Einzelnen die Regelungen im *FamFG*), jeweils diejenige Entscheidung zu treffen, die *„dem Wohl des Kindes am besten entspricht"*.

Kindern stehen selbstverständlich auch **Unterhaltsleistungen** durch ihre Eltern zu, *§§ 1601 ff. BGB.* Detailregelungen dazu wie auch zur **erbrechtlichen Position** des Kindes, *§§ 1922 ff. BGB*, sprengen den Rahmen dieser Grundlagenbeschreibung des Rechts.

5.7 SONSTIGE RECHTSFRAGEN DER FAMILIE

5.7.1 VORMUNDSCHAFT, PFLEGSCHAFT

Jedes Kind bedarf auf irgendeine Weise immer einer rechtlichen Betreuung auch dann, wenn die Eltern aus sehr unterschiedlichen Gründen nicht zur Verfügung stehen. Zur Unterstützung bei oder anstelle der **elterlichen Sorge** gibt es **Ersatzmöglichkeiten.**

Vormundschaft bedeutet immer Ersatz für fehlende *elterliche Sorge, §§ 1773 ff. BGB.* Hier kann der Bogen zu den Bestimmungen über die elterliche Sorge gezogen werden. Nach *§ 1626 Abs. 1 BGB* haben die Eltern die elterliche Sorge für ihre *„minderjährigen Kinder".* Aus *§ 2 BGB* ist zu entnehmen, dass die Volljährigkeit mit der *„Vollendung des 18. Lebensjahres"* beginnt. Also stehen alle Kinder, die unter 18 Jahre alt sind, damit automatisch unter *elterlicher Sorge.* Fehlt nun diese *elterliche Sorge* der Eltern aus irgendeinem Grunde, dann muss Ersatz her. Diesen Ersatz für die *elterliche Sorge* nennt man *Vormundschaft.* Eine *Vormundschaft* bezieht sich also immer auf *minderjährige Kinder,* bei denen beide Elternteile ausfallen. Sollen Teilbereiche der elterlichen Sorge nicht mehr bei den Eltern bleiben – das Kind lebt z. B. in einer fremden Familie und die dortigen Pflegeeltern sorgen für seine Erziehung –, dann können diesen Personen Teilbereiche der *elterlichen Sorge* übertragen werden. Ein anderer wird dann nicht Vormund, sondern er übernimmt im Rechtsinne eine **Pflegschaft.** So können den Pflegeeltern Teile aus der *Personensorge* der Eltern, *§ 1631 Abs. 1 S. 1 BGB,* wie *„... die Pflicht und das Recht das Kind zu pflegen und zu erziehen ...",* übertragen werden. Im Einzelnen vgl. dazu *§§ 1773 ff. und 1909 ff. BGB.*

Ersatzfunktionen		
Vormundschaft	Rechtl. Betreuung	Pflegschaft
§§ 1773 ff. BGB	§§ 1896 ff. BGB	§§ 1909 ff. BGB

Abbildung 22: Ersatzfunktionen

5.7.2 ADOPTION

Als letzter Punkt in diesem Kontext der Varianten staatlicher Unterstützung für Familien soll noch auf die Besonderheit der sogenannten **Annahme als Kind,** allgemein geläufig unter dem Begriff der Adoption, hingewiesen werden.

Adoption bedeutet, ein Kind wird von fremden Eltern angenommen. Das Kind erhält damit die rechtliche Stellung dieser neuen Eltern mit allen rechtlichen Konsequenzen der Elternschaft, wie sie in den vorangegangenen Kapiteln beschrieben wurde. Die bisherigen tatsächlichen Eltern spielen ab diesem Zeitpunkt keine Rolle mehr, sie haben keinerlei Rechte und Pflichten. Die **Voraussetzungen,** unter denen minderjährige Kinder – die Adoption unter Volljährigkeit soll eine Ausnahme bleiben – adoptiert werden, sind in den *§§ 1741 ff. BGB* geregelt. Es wird genau festgelegt, wer ein Kind annehmen darf. Außerdem ist das *Adoptionsvermittlungsgesetz (AdVermG)* mit heranzuziehen. Es beinhaltet genaue Bestimmungen zum **Ablauf des Verfahrens.** Es verdeutlicht außerdem das notwendige Zusammenwirken zwischen dem Jugendamt als ausführender Behörde, *§ 50 Ziff. 3 SGB VIII* und dem Familiengericht, das die rechtlichen Entscheidungen trifft, *§ 1752 BGB.*

Adoption Minderjähriger
§§ 1741 ff. BGB

Voraussetzungen
➢ Antrag der Adoptionsbewerber, § 1752
➢ Mindestalter der Bewerber, § 1743
➢ Einwilligung der Eltern, §§ 1747, 1748
➢ Wohl des Kindes, § 1741 Abs. 1
➢ Eltern-Kind-Verhältnis, § 1741 Abs. 1

Wirkungen
➢ Adoptiertes Kind gilt rechtlich als Kind der Adoptiveltern, § 1754
➢ Verwandtschaftsverhältnis zur Herkunftsfamilie erlischt, § 1755

Abbildung 23: Adoption

5.7.3 Schwangerschaftsabbruch

Es können Lebenssituationen auftreten, in denen ein Kind nicht erwünscht ist. Die werdende Mutter will nicht, dass dieses Kind zur Welt kommt. Unser Rechtssystem enthält genaue Vorgaben, in welchen Fällen ein Schwangerschaftsabbruch vorgenommen werden darf. Das in Art. 2 Abs. 2 GG normierte Grundrecht auf Leben: *„Jeder hat das Recht auf Leben"* schützt nach allgemeiner Auffassung auch das werdende Leben, weshalb der Abbruch einer Schwangerschaft so wie Mord und Totschlag unter Strafe gestellt ist *§ 218 Abs. 1 StGB*. Unser Strafrecht lässt dazu aber Ausnahmeregelungen zu, die der Schwangeren die Möglichkeit geben, eine **Abtreibung** vornehmen zu lassen. Die Kernregelungen dazu lauten:

- nur ein Arzt darf den Schwangerschaftsabbruch vornehmen,
- die Schwangere muss damit einverstanden sein,
- sie muss sich vorher nach den Vorgaben in *§ 219 StGB* in Verbindung mit den,
- Regelungen des *SchKG* beraten lassen.

5.7.4 Rolle des Jugendamtes

Die Einzelheiten zum Aufgabenfeld der Jugendämter in der Familien- und Jugendhilfe regeln das SGB VIII und die entsprechenden Ausführungsgesetze der einzelnen Bundesländer. So ist es generell die Aufgabe der Jugendhilfe, Leistungen anzubieten, die geeignet sind, junge Menschen in ihrer Entwicklung zu unterstützen. Außerdem nimmt das Jugendamt Kontrollaufgaben wahr, um vor Gefahren zu schützen. Nach *§ 1 Abs. 1 SGB VIII* ist das **Ziel der Jugendhilfe** die *„Förderung"* und *„Entwicklung"* sowei die *„Erziehung"* zu einer *„eigenverantwortlichen und gemeinschaftsfähigen Persönlichkeit"*. Die genauen Leistungsangebote und anderen Aufgaben sind übersichtlich in *§ 2 Abs. 2 SGB VIII* aufgelistet. Als besondere familienunterstüzende Maßnahmen sind die **Beratungsverspflichtung** der Jugendämter nach *§§ 16-21 SGB VIII* zu nennen, die Förderung von Kindern in **Kindertageseinrichtunge**n *(§§ 22-26 SGB VIII)*, die **Hilfen zur Erziehung,** *(§§ 27 ff. SGB VIII)*.

5.7.5 STRAFRECHTLICHE SCHUTZVORSCHRIFTEN

Das Sexualstrafrecht – **Straftaten gegen die sexuelle Selbstbestimmung** – enthält allgemeine Verbotstatbestände, die jede Person altersunabhängig betreffen, wie zum Beispiel sexuelle Nötigung, Vergewaltigung und das Verbot von exhibitionistischen Handlungen, *§§ 177, 183 StGB*. Zusätzlich finden sich in diesen strafrechtlichen Regelungen spezielle Bestimmungen zum Schutz von Kindern und Jugendlichen, die in den *§§ 174 ff. StGB* im Einzelnen definiert sind. Im Kern kann dazu festgehalten werden, dass sexuelle Kontakte auch ohne ‚Anwendung von physischer oder psychischer Gewalt', nicht erlaubt und damit strafbar sind

- bei Kindern unter 14 Jahren,
- bei Personen unter 16 Jahren, die in einem Betreuungs- oder Ausbildungsverhältnis stehen,
- bei Personen unter 16 Jahren, wenn es um Entgelt geht oder eine Zwangslage ausgenutzt wird,
- bei Personen unter 18 Jahren, die in einem besonderen Abhängigkeitsverhältnis stehen,
- bei leiblichen oder adoptierten Kindern unter 18 Jahren.

Was eine *sexuelle Handlung* überhaupt ist, wird in *§ 184h StGB* dahingehend genauer definiert, dass diese Handlung *„von einiger Erheblichkeit"* sein muss.

In den *§§ 184, 184b-184e StGB* sind die Strafbestimmungen in Hinblick auf die Verbreitung, den Erwerb und den Besitz von (kinder)pornografischen Schriften, Medien, Fotos enthalten.

Zusätzlich enthalten die *§§ 169-173 StGB* **Straftaten gegen den Personenstand, die Ehe und die Familie.** Hier geht es um eine Strafbarkeit bei Verletzung der Unterhaltspflicht, bei Verletzung der Fürsorgepflicht, bei Doppelehe oder im Falle von Geschlechtsverkehr unter Verwandten. All dies sind Regelungen, die ebenfalls zum Rechtsumfeld Familie gehören und deren Kenntnis damit für die berufliche Tätigkeit erforderlich sind.

5.7.6 RECHTLICHE BETREUUNG

Auch volljährige Menschen, also Erwachsene benötigen in besonderen Lebenssituationen eine spezielle rechtliche Unterstützung. Der

Gesetzgeber hat für die Fälle, in denen ein Erwachsener nicht fähig ist, seine Angelegenheiten selbst zu regeln, die besondere Rechtsform der rechtlichen Betreuung, *§§ 1896 ff. BGB* geschaffen. Erwachsene erhalten folglich niemals einen *Vormund*, sie können also auch nicht, wie oft angenommen, entmündigt werden. Der Aufgabenbereich des *„rechtlichen Betreuers"* richtet sich ganz nach den individuellen Gegebenheiten und Notwendigkeiten der betroffenen Person.

Rechtliche Betreuung,
§§ 1896 ff. BGB

- nur **Volljährige** können unter Betreuung gestellt werden, § 1896 Abs. 1 BGB
- Verfahren ist durch **Erforderlichkeits- und Subsidiaritätsprinzip** gekennzeichnet
- Betreuer darf nur für Aufgabenkreise bestellt werden, in denen Betreuung erforderlich ist, § 1896 Abs. 1 S. 1 BGB
- Betreuung ist **subsidiär** gegenüber anderen Hilfen, § 1896 Abs. 2 S. 2 BGB

Abbildung 24: Rechtliche Betreuung

5.7.7 ERBFOLGEREGELUNGEN

Die Erbfolge hat auch etwas mit der Zusammengehörigkeit der Familie und dem Schutz von Ehe und Familie nach *Art. 6 Abs. 1 GG* zu tun. Zunächst verfolgt das Erbrecht generell das Ziel, das persönliche Vermögen nach dem Tod des Eigentümers entweder nach seinen Gestaltungswünschen (Testament) oder im Wege der gesetzlich vorgegebenen Rechtsnachfolge weiterhin fortbestehen zu lassen und gleichzeitig den Wunsch des Verstorbenen zu respektieren.

Das Erbrecht ist nach *Art. 14 GG* ein Grundrecht, also grundgesetzlich geschützt. Der Inhalt und die Schranken des Erbrechts bestimmen sich nach den rechtlichen Vorschriften im 5. Buch des *BGB* in den *§§ 1922-2385*.

Wird kein **Testament** errichtet oder kein **Erbvertrag** abgeschlossen, so greift die **gesetzliche Erbfolge**. Die Erbfolgeregelungen orientieren sich an unserem Verwandschaftsrecht, *§ 1589 BGB* und beziehen zusätzlich in Anlehnung an *Art. 6 Abs. 1 GG* die jeweiligen Ehegatten mit ein.

Grundsätzlich kann nach *§ 1 i. V. m. § 1923 Abs. 1 BGB* nur derjenige **erben**, der zum Zeitpunkt des Todes des Erblassers schon lebt. Dazu lässt *§ 1923 Abs. 2 BGB* eine Ausnahmeregelung zu: *„Wer zur Zeit des Erbfalls noch nicht lebte, aber bereits gezeugt war, gilt als vor dem Erbfall geboren."* Zusätzlich kann sogar das noch nicht gezeugte Kind als Nacherbe per Testament eingesetzt werden.

Der Staat wird erst dann Erbe, wenn die Erbschaft vom letztmöglichen Verwandten ausgeschlagen wurde.

Begriffe aus dem Erbrecht

- **Abkömmlinge**
  die direkten Nachkommen des Erblassers

- **Ausschlagung**
  Erklärung des Erben, dass er die Erbschaft nicht annimmt

- **Erbe**
  derjenige, der das Vermögen des Verstorbenen erhält

- **Erbfall**
  tritt ein, wenn ein Mensch verstirbt

- **Erblasser**
  der Verstorbene

- **Erbschaft/Nachlass**
  das Vermögen, das der Verstorbene hinterlässt

- **Erbschein**
  Urkunde, durch die eine Person als Erbe ausgewiesen wird

- **Gesetzliche Erbfolge**
  legt per Gesetz fest, wer das Vermögen des Verstorbenen erhält

- **Pflichtteil**
  Mindestanteil an der Erbschaft, der nahen Angehörigen in jedem Fall verbleiben muss

- **Testament/Erbvertrag**
  Verfügung eines Menschen darüber, wohin sein Privateigentum nach seinem Tod geht

- **Testierfähigkeit/Testierender**
  rechtliche Fähigkeit ein Testament zu errichten

Abbildung 25: Begriffe aus dem Erbrecht

6. SCHLUSSBEMERKUNG

Mit der Lektüre dieses Buches wurde Ihnen der rechtliche Rahmen Sozialer Arbeit in seinen wesentlichen Grundzügen zugänglich gemacht. Sie können nun die Systematik unserer Rechtsordnung verstehen und die Gesetze entsprechend anwenden. Ihnen ist die verfassungsrechtliche Dimension Sozialer Arbeit bewusst geworden. Dies ist auch deswegen besonders wichtig, weil der Sozialen Arbeit ein wesentlicher Gestaltungsauftrag für die Sicherung eines menschenwürdigen Lebens ihrer Klienten zukommt. Dabei sind immer die Grenzen rechtsstaatlichen Handelns zu beachten. Ihnen wurden dazu auch die vertraglichen und haftungsrechtlichen Grundlagen vermittelt und Sie haben Grundkenntnisse des Familienrechts erworben, mit denen Sie einen Zugang zum rechtlichen Lebensumfeld des Klienten erhalten.

Nach diesem einführenden rechtlichen Überblick verweisen wir weiterführend auf die im Anhang aufgeführte vertiefende Literatur.

7. Literatur

Zum Weiterlesen!

Arbeitsrecht

Fischer, Markus, Sauer, Jürgen, Wabnitz, Reinhard (2019): Grundkurs Berufs-
recht für die Soziale Arbeit, München

Wörlen, Rainer/Kokemoor, Axel (2019): Arbeitsrecht, 13. Aufl., München

Ausländerrecht

Heinhold, Hubert (2020): Recht für Flüchtlinge, 8. Aufl., Karlsruhe

Oberhäuser, Thomas (Hrsg.) (2019): Migrationsrecht in der Beratungspraxis,
Baden-Baden

Frings Dorothee/Tießler-Marenda, Elke (2017): Ausländerrecht für Studium
und Beratung, 2. Aufl., Frankfurt/M.

Betreuungsrecht

Jürgens, Andreas/Lesting, Wolfgang/Loer, Annette/Marschner, Rolf (2016):
Betreuungsrecht kompakt, 8. Aufl., München

Fröschle, Tobias (2013): Studienbuch Betreuungsrecht, 3. Aufl., Berlin

Familienrecht

Gürbüz, Sabahat (2018): Familien- und Kindschaftsrecht für die Soziale Arbeit,
München

Kokott-Weidenfeld, Gabriele/Merk, Kurt-Peter (2015): Was Eltern wissen sollten – Rechtsfragen im Alltag mit Kindern, München
Lorenz, Annegret (2013): Zivil- und familienrechtliche Grundlagen der Sozialen Arbeit, 2. Aufl., Baden-Baden
Schleicher, Hans (2020): Jugend- und Familienrecht, 15. Aufl., München

Existenzsicherungsrecht

Kunkel, Peter-Christian/Pattar, Andreas Kurt (2020): Existenzsicherungsrecht,
Baden-Baden
Jäger, Frank/Thome Harald (2019): Leitfaden Alg II/Sozialhilfe von A-Z, Baden-
Baden

Kinder- und Jugendhilferecht

Kepert, Jan/Kunkel, Peter-Christian (2018): Kinder- und Jugendhilferecht, Fälle und Lösungen, 6. Aufl., Baden-Baden
Kunkel, Peter-Christian (2018): Jugendhilferecht: Systematische Darstellung
für Studium und Praxis, 9. Aufl., Baden-Baden

Sozialrecht

Frings, Dorothee (2018): Sozialrecht für die Soziale Arbeit, 4. Aufl., Stuttgart
Kokemoor, Axel (2018): Sozialrecht, 8. Aufl., München
Schaumberg Torsten (2018): Sozialrecht, 2. Aufl., Baden-Baden
Waltermann, Raimund (2018): Sozialrecht, 13. Aufl., Heidelberg

Sozialverwaltungsrecht

Patjens, Rainer/Patjens, Tina (2018): Sozialverwaltungsrecht für die Soziale
Arbeit, 2. Aufl., Baden-Baden
Reinhardt, Jörg (2019): Grundkurs Sozialverwaltungsrecht für die Soziale Ar-
beit, 2. Aufl., Baden-Baden

Strafrecht

Cornel, Heinz/Trenczek, Thomas (2019): Strafrecht und Soziale Arbeit, Baden-
Baden
Lüthke, Albrecht/Müller, Ingo (2019): Strafjustiz für Nicht-Juristen, Ein Ratge-
ber für Schöffen, Pädagogen, Sozialarbeiter und andere interessierte,
4. Aufl., Wiesbaden
Riekenbrauk, Klaus (2017): Strafrecht und Soziale Arbeit, 5. Aufl., München

Vertiefende Studienbücher und Nachschlagewerke

Beyer, Thomas (2017): Recht für die Soziale Arbeit, Baden-Baden
Kievel, Winfried/Knösel, Peter/Marx, Ansgar/Sauer, Jürgen (2018): Recht für
soziale Berufe, 8. Aufl., Köln

Trenczek, Thomas/Tammen, Britta/Behlert, Wolfgang (2017): Grundzüge des-Rechts, 5. Aufl., München

Gesetzessammlungen für Studium und Praxis

Reidel, Alexandra (2018): Rechtsgrundlagen Sozialwesen, 9. Aufl., Regens-burg (in Kombination mit „Das gesamte Sozialgesetzbuch SGB I bis XII", 28. Aufl. 2020, Regensburg)

Stascheit, Ulrich 2019/20: Gesetze für Sozialberufe, 35. Aufl., Frankfurt/M. *(erscheint zweimal jährlich)*

NOMOS (2019/20): Gesetze für die Soziale Arbeit, 9. Aufl., Baden-Baden *(erscheint einmal jährlich)*

WOCHEN SCHAU VERLAG

... ein Begriff für politische Bildung

Grundlagen Sozialer Arbeit

Die Reihe GRUNDLAGEN SOZIALER ARBEIT bietet kompakte, wissenschaftliche Grundlagenliteratur, die speziell für die gestrafften Studienanforderungen der Bachelor- und Masterstudiengänge konzipiert wurde.

Die Bücher orientieren sich an zentralen Themen der Wissenschaft sowie an Praxisfeldern und Handlungsformen der Sozialen Arbeit. Zurückgegriffen wird dabei auch auf relevante Wissensbestände benachbarter Sozial- und Geisteswissenschaften sowie inter- und transdisziplinäre Zugänge zu Themen der Sozialen Arbeit. Sie präsentieren wissenschaftliche Sachverhalte in einer für Studierende verständlichen Sprache und bilden die Voraussetzung für eine weitergehende vertiefende Lektüre.

Titel der Reihe

Bernd Birgmeier, Eric Mührel: **Wissenschaftliche Grundlagen der Sozialen Arbeit**, ISBN 978-3-89974635-8

Joachim Birzele, Lutz Thieme: **Sozialmarketing**, ISBN 978-3-89974320-3

Ulrich Dallmann, Fritz-Rüdiger Volz: **Ethik in der Sozialen Arbeit**, ISBN 978-3-89974319-7

Gudrun Ehlert: **Gender in der Sozialen Arbeit**, ISBN 978-3-89974377-7

Angelika Ehrhardt: **Methoden der Sozialen Arbeit**, ISBN 978-3-89974476-7

Marion Felder, Katrin Schneiders: **Inklusion kontrovers**, ISBN 978-3-7344-0327-9

Ina Hermann-Stietz: **Praxisberatung und Supervision in der Sozialen Arbeit**, ISBN 978-3-89974527-6

Winfred Kaminski (Hrsg.): **Medienkompetenz in der Sozialen Arbeit**, ISBN 978-3-89974376-0

Carola Kuhlmann: **Geschichte Sozialer Arbeit I, Studienbuch**, ISBN 978-3-89974860-4

Carola Kuhlmann (Hrsg.): **Geschichte Sozialer Arbeit II, Textbuch**, ISBN 978-3-89974392-0

Sigrid Leitner: **Soziale Altenarbeit und Alterssozialpolitik**, ISBN 978-3-89974932-8

Kurt-Peter Merk: **Europäisches und internationales Recht für soziale Berufe**, ISBN 978-3-7344-0008-7

Jürgen Nowak: **Soziologie in der Sozialen Arbeit**, ISBN 978-3-89974315-9

Armin Schneider: **Forschungsperspektiven in der Sozialen Arbeit**, ISBN 978-3-7344-0225-8

Armin Schneider: **Soziales Managen**, ISBN 978-3-89974613-6

Sigrid Tschöpe-Scheffler: **Familie und Erziehung in der Sozialen Arbeit**, ISBN 978-3-89974318-0

Melanie Werner, Stefanie Vogt, Lydia Scheithauer: **Wissenschaftliches Arbeiten in der Sozialen Arbeit**, ISBN 978-3-7344-0388-0